Portraits et destins

DU MÊME AUTEUR

L'Année de Jeanne, conte politique, Plon, 2020

Mon enfance, quelle histoire !, entretiens avec Catherine Lalanne, Bayard, 2019

Franck Ferrand raconte, Perrin, 2019

François Ier, roi de chimères, Flammarion, 2014

Dictionnaire amoureux de Versailles, Plon, 2013

Portraits de cour, avec Stéphane Bern, Le Chêne, 2012

Du sang sur l'histoire, Flammarion, 2012

Versailles après les rois, Perrin, coll. « Tempus », 2012

Au cœur de l'histoire, Flammarion, 2011

L'Ombre des Romanov, XO Éditions, 2010

Au cœur de l'Écosse, avec Stéphane Bern, Flammarion, 2009

L'Histoire interdite. Révélations sur l'histoire de France, Tallandier, 2008

La Cour des dames, t. 1, *La régente noire*, Flammarion, 2007 ; t. 2, *Les fils de France*, Flammarion, 2008 ; t. 3, *Madame Catherine*, Flammarion, 2009

Gérald Van der Kemp. Un gentilhomme à Versailles, Perrin, 2005

Bordeaux. Grands crus classés, Flammarion, 2004

La Grande Époque des sports d'hiver, Le Chêne, 2003

Ils ont sauvé Versailles. De 1789 à nos jours, Perrin, 2003

(Suite en fin d'ouvrage)

Franck Ferrand

Portraits et destins

PERRIN

92, avenue de France
75013 Paris
Tél. : 01 44 16 08 00

ISBN : 978-2-262-09484-3
Dépôt légal : février 2021

Mise en pages : FACOMPO, Rouen

Préface
Mener l'enquête

Quatre années durant, dans des dizaines de théâtres, de salles polyvalentes et de cabarets, j'ai présenté un spectacle « seul en scène », intitulé : *Histoire[S]*. Le principe en était simple, efficace : chaque fois, parmi quinze grandes énigmes du passé, trois étaient tirées au sort par le public, pour être résolues – de façon plus ou moins improvisée – par les soins zélés de votre serviteur. Ainsi, de la mort d'Alexandre Ier à celle d'Émile Zola, du mystère Marco Polo à celui des derniers Romanov, j'appliquais à de grands dossiers non résolus un traitement que n'auraient sûrement pas renié un Poirot, un Maigret, un Columbo. En un mot, je menais l'enquête.

En grec, « enquête » se dit « historia » ; et ce n'est pas un hasard si notre magazine préféré a pris ce titre. Ouvrons le gros Bailly à cet article ; la première définition qui vient est précisément : « recherche, information, exploration ». Autrement dit : enquête ! Quelques entrées plus bas, l'*histōr*, nous dit ce fameux *Dictionnaire Grec-Français*, est « celui qui sait, celui qui connaît la loi, le juge, l'historien ». Un lien s'est noué, dans la racine même du terme, entre historien et enquêteur. De quoi conforter dans leurs intuitions tous ceux qui, comme moi, veulent voir dans l'histoire avant tout une réserve d'enquêtes à mener.

Difficile d'exprimer la joie qu'on éprouve à jouer ainsi les détectives, parfois à plusieurs siècles de distance : à rassembler des faits, à comparer des témoignages, à interpréter des comportements – si possible *autrement*, afin de faire advenir une solution qui, jusqu'alors, avait échappé à la sagacité commune. Même en l'absence d'énigme formulée, même à propos d'un sujet bien net, limpide en apparence, cette approche des choses est aussi réjouissante que féconde.

Les pages que voici réunissent les « Cartes blanches » que j'ai proposées à *Historia* depuis deux ans. Y voisinent des énigmes regardées comme telles – à commencer par celle, célèbre, de l'enfant du Temple – et des sujets *a priori* moins nébuleux, comme la bataille de Salamine, le mariage du dauphin, futur Louis XVI, le coup d'État dit du 18-Brumaire – alors que le coup d'État eut lieu le 19 – ou encore l'expédition spatiale Apollo XI. Mais encore une fois, sur des sujets *a priori* sans mystère, l'esprit de l'enquêteur a produit, me semble-t-il, un effet salutaire. L'esprit et la méthode. Inlassablement, il m'a fallu réunir les bribes de réalité, les tesselles de vie qui nous étaient parvenues, pour les ajuster à la manière d'un puzzle, et reconstituer l'événement sous une forme cohérente et plausible.

Sur scène, j'avais pris l'habitude de dire, au moment où le rideau se levait, que l'histoire n'était en rien gravée dans le marbre, et qu'il nous appartenait, à la lueur d'une enquête sans cesse recommencée, de la faire évoluer vers plus de justesse. Non, l'histoire n'est pas une matière morte et figée ; c'est une enquête en perpétuelle reprise, une *recherche*, une *exploration* – pour reprendre les termes du Bailly – visant sans trêve à mieux comprendre… Jusqu'à l'énoncé d'une vérité jamais définitive. Tel est l'objet poursuivi, depuis toujours, par les auteurs du magazine *Historia*, au nombre desquels figuraient évidemment mes deux maîtres, André Castelot et Alain Decaux. Que mes articles soient aujourd'hui publiés par l'excellente maison Perrin, leur éditeur fidèle, ne fait qu'ajouter à l'honneur que je ressens.

Franck FERRAND
Paris, novembre 2020

1
La bataille de Salamine

C'est probablement en septembre de l'an 480 avant Jésus-Christ que se déroula, non loin d'Athènes, la bataille navale de Salamine – moment de confrontation décisif entre Orient et Occident : d'un côté, Xerxès Ier et l'immense armée de son Empire achéménide ; de l'autre Thémistocle et les forces réunies par le monde grec, alors en pleine efflorescence. Un bras de fer inégal où la ruse et le sacrifice vont l'emporter sur le nombre et la discipline.

Au début du Ve siècle av. J.-C., tout paraît conduire à un choc inévitable entre l'Empire perse, hégémonique, en pleine expansion depuis un demi-siècle, et le monde grec, dont les cités phares – Sparte, Athènes, Corinthe et les autres –, creuset d'un nouveau modèle de civilisation, aspirent à un rayonnement sans précédent en Méditerranée. Tout a commencé une quinzaine d'années avant Salamine, lorsque ces dernières ont soutenu la révolte des cités grecques d'Ionie, leurs sœurs lointaines, contre le pouvoir central achéménide – c'était encore sous le règne de Darius Ier. Pour des raisons liées aux affaires internes à l'empire, la réaction des Perses s'est fait attendre quelques années ; mais la première guerre médique, en 490 av. J.-C., a vu l'immense force armée de Darius, à la fois terrestre et maritime, s'emparer des Cyclades et détruire la cité d'Érétrie, avant de s'incliner à Marathon, contre toute attente, devant les Athéniens : première manche remportée par les Grecs.

La seconde s'annonce plus dure encore. Le fils et successeur de Darius, Xerxès Ier, accède au pouvoir alors que son père s'apprêtait à mater une inquiétante révolte de l'Égypte, elle-même sous le joug perse depuis 522 av. J.-C. Ayant écrasé ce soulèvement, Xerxès prépare son armée gigantesque à se retourner vers l'ouest, vers la Grèce. Il fait bâtir deux ponts flottants, en bois, pour permettre à ses troupes de franchir l'Hellespont (nos Dardanelles), et attaque massivement, en - 480. Hérodote – jamais à court d'anecdotes – raconte que les Perses sont tellement nombreux qu'arrivant aux rives de l'Echedoros, fleuve aurifère, ils l'auraient asséché rien qu'en y buvant tous !

Hérodote, surnommé par Cicéron le « Père de l'Histoire », est la source principale des auteurs qui travaillent sur les guerres médiques – et pour cause : son *Enquête* (en grec : *Historiâ*), rédigée près d'un demi-siècle après Salamine, a pour objet de reconstituer la genèse et de raconter le déroulement de cet affrontement fondateur entre Perses et Grecs. Son récit s'achève au siège de Sestos, en 479 av. J.-C. ; et c'est précisément là que son successeur, Thucydide, fait débuter son histoire de la guerre du Péloponnèse. Mais alors que ce dernier évoque les événements dans une réflexion explicative, à la lumière du présent, Hérodote se veut le plus neutre et le plus exhaustif possible – du reste, Plutarque lui reprochera d'avoir fait preuve de complaisance envers les Achéménides.

Face à un tel ennemi, comment peuvent résister les cités grecques ? Leur salut se trouve dans l'effort énorme consenti par les Athéniens, depuis deux ans déjà, en faveur de la construction navale. C'est ici qu'intervient l'un des personnages clés de la seconde guerre médique – en quelque sorte, l'adversaire désigné de l'empereur Xerxès : l'Athénien Thémistocle, stratège – ce terme désignant, en Grèce, non pas un théoricien de la bataille, mais un chef d'armée. Thémistocle a 45 ans à peine ; il est issu d'un milieu modeste et dirige depuis deux ou trois ans le parti populaire des démocrates – tout un programme ! Très au fait du danger perse, il est parvenu à convaincre la Cité d'affecter les revenus de ses mines d'argent à la construction d'une importante flotte de trières de combat. Il s'active en même temps sur le terrain diplomatique, œuvrant à rassembler les cités grecques dans une sorte de confédération : la ligue de Délos.

Autant dire que, grâce à Thémistocle en particulier, l'offensive perse va se heurter à des cités grecques plus unies, moins mal équipées que de coutume. Or, c'est encore le stratège athénien qui, après une première initiative sans suite de la ligue, propose un plan d'action très ingénieux : bloquer, grâce à la flotte nouvelle, le détroit de l'Artémision, et obliger les armées de Xerxès à emprunter, par voie de terre, l'étroit défilé des Thermopyles, où il sera moins difficile de les atteindre. On connaît le succès mitigé de ce double dispositif : aucun vainqueur n'émergera de la bataille navale de l'Artémision ; quant aux Thermopyles, héroïque exploit de l'épopée spartiate, les troupes d'élite du roi Léonidas y retarderont, pendant trois précieuses journées, l'avancée des Perses. Ces derniers n'en dévasteront pas moins Platées et Thespies, en Béotie, avant de fondre sur Athènes… La petite histoire veut que la pythie de Delphes, dûment consultée, ait alors conseillé aux Athéniens de « se réfugier derrière une barrière de bois ». Tandis que la plupart fuyaient à toutes jambes, certains citoyens auraient compris qu'il leur fallait se réfugier derrière le rempart – alors en bois – de l'Acropole ; Thémistocle préféra, pour sa part, déceler dans cette « barrière de bois » une allusion à sa flotte de combat…

Sans perdre de temps, les trières grecques doivent rejoindre à la rame le golfe Saronique, pour protéger l'évacuation massive d'Athènes. Deux conceptions vont alors s'affronter : celle, défensive, du commandant naval Adimante de Corinthe, qui suggère de masser les trières grecques le long de l'isthme, pour empêcher les Perses d'envahir, notamment, sa cité ; celle, plus offensive, de Thémistocle, qui propose de tendre un piège à la flotte achéménide, en l'attirant dans le détroit séparant la côte attique de l'île de Salamine – en somme, la version maritime des Thermopyles… C'est cette proposition que le congrès des Grecs adopte, tout en confiant officiellement le commandement de la flotte alliée à un Spartiate – éminemment terrien ; mais les ordres réels viendront bel et bien de Thémistocle.

Dans le premier volume de l'imposante trilogie *Mondes en guerre*, Omar Coloru, Guillaume Gernez et Maxime Petitjean précisent : « La flotte grecque, composée de 180 navires athéniens, mais aussi de 50 unités péloponnésiennes, 40 unités corinthiennes, 30 éginètes, 20 mégariennes, et d'une vingtaine [venant] d'autres cités diverses, restait stationnée au large de Salamine, sous le commandement du seul Thémistocle. Il est probable que Xerxès décida de régler le sort de cette flotte avant d'entamer la conquête du Péloponnèse. » Il est vrai que, « sur le papier », le Perse bénéficie d'une écrasante supériorité numérique : 1 207 navires – le même nombre que les bateaux achéens de l'*Iliade* – selon Hérodote ; plutôt six ou sept centaines, selon nos historiens actuels. Qu'importe !

L'idée géniale de l'Athénien aura été de rendre inopérant ce grand nombre : faisant croire à l'ennemi que les navires grecs fuient vers le nord du détroit, il attire les Perses, aux lueurs de l'aube, dans le passage entre Salamine et le continent. En remontant le long de la rive continentale par le nord-est, la flotte achéménide s'imagine sans doute qu'elle va rattraper et détruire les vaisseaux grecs en fuite ; la vérité, c'est que ceux-ci étaient en embuscade au sud-ouest, le long des côtes de l'île, et qu'ils vont profiter de l'étalement de la flotte perse, étirée en file, pour l'éperonner par surprise et lui faire subir de lourdes pertes. Xerxès a fait installer un trône magnifique sur les pentes du mont Aigáleo, en surplomb de l'arène naturelle où se dispute la naumachie. Il va donc être aux premières loges pour assister à la défaite de ses vaisseaux, de surcroît trop légers pour manœuvrer efficacement au milieu des vents coulis du détroit ; les embarcations grecques, surarmées, et peut-être constituées d'un bois moins sec, sont plus lourdes, et donc plus stables.

Sur les flots agités, le désordre est grand, au fort de la bataille, et il profite aux marins grecs, bons connaisseurs des lieux, et qui défendent leurs côtes. Leurs hoplites y sont d'ailleurs moins déstabilisés que les archers de l'empereur... Symbole du désastre côté perse : l'amiral Ariabignes est tué dans la mêlée, tandis que la moitié, peut-être, de ses embarcations finissent par le fond... Certes, les Perses disposent toujours, à terre, de myriades de fantassins prêtes à en découdre ; et dès l'année suivante, Xerxès reparti en Orient, son bras droit militaire, Mardonios, va prendre Athènes et la détruire – ce qui donnera lieu, plus tard, aux reconstructions que nous admirons… Pour l'Empire achéménide, Salamine n'en reste pas moins le nom d'une implacable défaite. « On ne sait pas grand-chose des modalités du repli perse, ajoutent les auteurs de *Mondes en guerre*. Thémistocle alla se faire honorer et couvrir de dons à Sparte, preuve que l'hégémonie y résidait encore, mais aussi que l'homme politique, qui fut mal reçu par sa cité à son retour, cherchait l'appui de la cité péloponnésienne. Car la menace perse restait présente en Grèce centrale. »

Il n'empêche : dans un premier temps la victoire est telle, pour les Grecs, qu'on fera d'elle le point de départ de l'Âge classique ; et que certains iront jusqu'à soutenir que, sans Salamine, l'émergence de la Grèce en tant que puissance – mieux : en tant que berceau de civilisation – n'aurait pu avoir lieu. L'idée se défend… Plus tard le tragédien d'Athènes, Eschyle, lui-même vétéran de Salamine, décrira dans *Les Perses* la langueur et la volupté du grand empire, terre d'esclavage et de cruauté, et opposera cet univers décadent à la vertu des Grecs, hommes libres et neufs : « Un peuple est délié et parle librement sitôt qu'il est détaché du joug de la force. »

> Guerres médiques (la première en 490 av. J.-C., la seconde en 480-479) : c'est le nom donné par les historiens grecs anciens au conflit en deux temps qui opposa la monarchie perse à plusieurs grandes cités helléniques. Ce nom est impropre ; en effet, le fondateur de l'Empire perse, Cyrus le Grand (559-530), avait mis fin depuis longtemps au pouvoir des Mèdes sur le territoire de l'actuel Iran. Mais les Grecs ne changèrent pas tous leurs habitudes pour autant, et continuèrent, pour certains, à utiliser le nom de Mèdes afin de définir les Perses. D'où l'épithète de « médique » qualifiant ce conflit tellement important que nombre d'historiens de la Grèce choisiront la date de 490 av. J.-C. comme point chronologique de bascule entre la période archaïque et la période classique.

2
Alexandre le Grand, le dieu guerrier

La brièveté de sa vie – moins de trente-trois ans – n'a pas empêché Alexandre de Macédoine de devenir le plus grand des conquérants. Ses victoires du Granique, d'Issos et de Gaugamèles ne sont que les premières étapes de la plus grande des épopées de l'Antiquité.

Alexandre vient de rentrer de Troie, où il s'est rendu, comme en pèlerinage, avec des amis proches. Sur les rives du Granique, non loin de la mer de Marmara, le stratège Parménion lui a conseillé de dresser un camp ; seulement le nouvel Achille est encore tout exalté de l'épopée homérique ; impatient d'en découdre, il se lance tête baissée dans la traversée du fleuve, accompagné seulement d'une partie de la cavalerie. Sitôt de l'autre côté, il vient narguer les satrapes du roi de Perse – Spithridate, en particulier, qu'il n'hésite pas à isoler dans la mêlée jusqu'au combat singulier. Celui-ci a déjà fauché son cimier blanc d'un coup de hache ; il s'apprête à tuer le jeune roi de Macédoine quand Cleitos, l'un des compagnons d'Alexandre, traverse le Perse de son javelot. Juste à temps. Le gros des troupes peut donner libre cours à sa fureur.

Première bataille en Perse, première victoire pour celui qui, des grands conquérants de l'Histoire, reste le plus fameux sans conteste, mais aussi le plus romanesque. César, Attila, Charlemagne, Gengis Khan ou Napoléon se réclameront de lui, l'enviant peut-être… Alexandre a quelque chose de plus qu'eux, et qui tient moralement à son charisme, physiquement à sa beauté. Qu'on s'imagine un guerrier de 25 ans à l'allure quasi divine : des cheveux châtains aux reflets cuivrés, un visage parfait qu'illuminent de grands yeux bleu-vert, un corps d'athlète harmonieux ; il suffira qu'apparaisse Alexandre pour soulever l'enthousiasme des troupes : ses soldats seront galvanisés, poussés d'instinct à se dépasser en sa présence.

Son exceptionnelle personnalité, il la doit aux trois êtres qui l'ont forgée : son père, le roi Philippe II de Macédoine, sa mère, Olympias, et son précepteur, qui n'est autre que l'illustre Aristote. Son roi de père, Alexandre s'est mis à le rejeter dès l'âge de 5 ou 6 ans. C'était pourtant un souverain de valeur, le vrai fondateur du royaume macédonien : un stratège, un diplomate, un administrateur de premier plan. De quoi faire de l'ombre à l'adolescent qui aurait dit : « Mon père va poursuivre ses conquêtes de telle manière qu'il ne me restera rien d'extraordinaire à accomplir. » Ce qu'Alexandre reproche encore plus à Philippe, c'est l'espèce de bonhomie qu'il met en tout. Le roi aime les jolies femmes, la bonne chère, les soirées bien arrosées... Ces plaisirs trop évidents dégoûtent son fils qui, par esprit de contradiction, s'interdira tout cela. L'un est noceur, l'autre affichera la plus grande sobriété ; le père est beau parleur, le fils comptera ses mots ; Philippe est réfléchi, méthodique, Alexandre sera impulsif et d'une audace volontiers brouillonne… Au fond, ce grand intrépide se construit par opposition à son géniteur ; Philippe n'est pas son modèle, mais son repoussoir.

L'énergie débordante qui le caractérise est par ailleurs le legs de sa mère, la terrible Olympias. Un oncle avisé a tôt marié cette princesse d'Épire au bouillant roi de Macédoine ; mais ce ne fut pas un mariage d'amour ; et la haine qu'elle a fini par vouer à son époux, elle l'a transmise en quelque sorte à son fils… Olympias est originaire d'une contrée arriérée, où le surnaturel imprègne la vie quotidienne. Grande prêtresse d'Orphée et de Dionysos, initiée à leurs mystères et promenant partout ses amulettes et ses serpents sacrés, entourée de mages et d'astrologues, Olympias vit dans un monde magique qui fascine son fils. Il en conservera un goût prononcé pour l'ésotérisme, moins anachronique qu'il n'y paraît en ce IVe siècle. Surtout, Olympias, en vouant à son fils un amour solaire, va lui conférer ce genre d'assurance que rien ne saurait ébranler. Elle ne manque jamais une occasion de lui rappeler qu'il descend par elle du grand Achille en personne, ce qui fait entrer l'enfant, puis l'adolescent, de plain-pied dans la mythologie ; Alexandre, très jeune, s'invente un univers de fantaisie où il serait un héros de la guerre de Troie, appelé aux plus grands exploits. Certains verront plus tard dans le culte qu'il instaurera de sa personne une influence de l'Égypte et de la Perse ; c'est peut-être chercher trop loin…

Le caractère d'Alexandre, ainsi forgé contre son père et si fortement nourri par sa mère, va se trouver poli et peaufiné par l'enseignement du grand Aristote. Le philosophe macédonien ne peut que prendre ses distances avec l'occultisme en vigueur chez Olympias ; mais il ne s'arrête pas à cela. Aristote apprend au jeune prince à tenter de se définir par lui-même, non comme le fils de ses parents, non comme le futur souverain de son peuple, mais comme un être humain responsable avant tout de lui-même. Et c'est peu dire que la leçon sera retenue au-delà de toute espérance !

Alexandre a 18 ans lorsque, autour de lui, les événements se précipitent. Sa mère est accusée d'avoir drogué, pour ne pas dire empoisonné, son demi-frère Aridoeus, un rival potentiel, pour le rendre inapte au trône. Philippe, las des extravagances de sa femme, en profite pour la répudier et pour convoler avec la jeune et jolie Cléopâtre – des siècles avant la reine bien connue. C'est pendant les noces que prend place l'inévitable altercation du père et du fils. Un des convives, Attale, parent de la nouvelle mariée, levant sa coupe aux « futurs héritiers légitimes » de Philippe, Alexandre voit rouge et jette son vin à la tête de l'impudent. Furieux, Philippe se lève pour corriger son fils, mais il trébuche, ayant trop bu, et s'effondre, sous les regards consternés des convives… Alexandre se retire, ivre de colère.

La situation pourrait l'affecter si Philippe n'était pas au bord du tombeau. Olympias est toujours là qui veille – et complote contre le roi. Philippe est assassiné. Alexandre a-t-il été des conjurés ? On ne peut nier qu'il vengera son père… En attendant, à 20 ans, tout pétri des vers d'Homère et des préceptes d'Aristote, il est à présent sur le trône – avec une idée fixe : s'en aller conquérir le plus grand territoire possible, celui du fastueux Empire achéménide.

Ses premiers soutiens, Alexandre les cherche du côté de ceux qui ont servi son père, des généraux comme Parménion – que nous avons vu agir sur le Granique –, Perdiccas ou Antipatros. L'héritage militaire de Philippe est intact, en effet, et le nouveau roi dispose de l'armée la plus efficace jamais réunie jusqu'alors. Son fer de lance, la fameuse phalange, se compose de paysans aguerris et puissamment armés, notamment d'une grande pique, la salisse, qui mesure 14 pieds (4,20 de nos mètres). De quoi immobiliser n'importe quelle armée adverse, en attendant que les fantassins du roi ne la saignent sur place et que les cavaliers ne viennent porter le coup de grâce. Parmi ces derniers, Philippe a institué une troupe d'élite imbattable, les « Compagnons du roi », unis entre eux par des liens plus que fraternels, et parmi lesquels Alexandre lui-même a fait ses armes.

Ce formidable outil militaire, on va le tester d'abord aux frontières de l'ouest, dans les Balkans, où il fait merveille. Le futur conquérant franchit le Danube, mais sans s'aventurer dans ce monde celte qui, à l'époque, demeure mystérieux. Puis, avec une rapidité foudroyante, il met cap au sud et s'en vient mater la révolte de la fière cité de Thèbes. Il faut impressionner la Grèce une bonne fois. Alexandre s'abat donc sur les pauvres Thébains, en massacre 6 000, réduit les autres en esclavage et rase la cité – à l'exception de la demeure du grand poète Pindare…

Puis le jeune roi distribue entre ses amis le butin de Thèbes et se remet à chevaucher, déjà, en direction de l'Empire perse. Commence la conquête. Au début, l'incursion des Macédoniens dans un coin perdu de l'immense empire n'émeut guère le grand roi ; Darius se contente d'exhorter ses satrapes – les préfets locaux – à réagir. Mais Alexandre est trop rapide ; après s'être recueilli, à Troie, sur le tombeau de son ancêtre Achille, il attaque 30 000 Perses sur le cours d'eau du Granique. Avec le résultat que l'on sait.

Dès lors et pendant toute l'année 333, le Macédonien cause les pires dégâts dans la partie occidentale de l'empire. Au point de lasser le grand roi et de le pousser à l'action. Darius pourrait mobiliser, s'il le souhaitait, une armée d'un million d'hommes ! Afin de ne pas trop s'encombrer, il va se limiter à 100 000 soldats – dont beaucoup de mercenaires – et faire mouvement vers l'ouest. Les armées perses iront ainsi jusqu'aux côtes de la Méditerranée, à la hauteur de l'île de Chypre, dans un endroit nommé Issos. Alexandre, quoique convalescent – il a pris froid en se baignant –, mène là une de ses plus grandes batailles, en pleine nuit… Le soleil se lève donc sur la défaite d'un Darius en fuite. Cet intrépide et prétentieux débutant vient d'écraser, avec une poignée d'hommes galvanisés, l'immense armée du plus grand roi du monde. Après cela, comment ne se prendrait-il pas pour un dieu ? Prenant possession du camp de Darius, il pénètre sous la tente brodée, dorée, du souverain vaincu. « Ainsi donc, lance-t-il, c'est cela, être roi ? » On lui sert un festin magnifique dans la vaisselle d'or de Darius, et tandis qu'il s'en délecte, on lui amène les femmes de la famille du grand roi, toutes belles et richement parées. Contrairement aux conquérants de son temps, Alexandre met un point d'honneur à ne pas en abuser ; elles seront traitées avec clémence et magnanimité.

Le nouveau « basileus » bifurque vers Damas et ses trésors ; puis il s'en va mettre le siège devant Tyr – sept mois d'épreuves et d'angoisses – avant de prendre le chemin de l'Égypte, où l'enfant d'Olympias se fera initier à de nouveaux mystères. Mais ni les richesses du Levant, ni les cérémonials du Nil ne semblent pouvoir combler la soif d'aventure du jeune conquérant. Les tentations de l'Orient auront-elles raison de son audace et de son indépendance ? Lui qui avait si vertueusement refusé de rester assis sur le trône de son père, voilà qu'il se couche mollement sur des trônes plus nocifs à sa liberté d'esprit.

Un sportif avant l'heure

Alexandre, en bon disciple d'Aristote, ne distingue pas l'agilité du corps de celle de l'esprit. Athlète à peu près complet, il excelle notamment à la course et aux poids, pour ne rien dire de sa promptitude à tirer l'épée. Pour ce qui est de l'équitation, il l'a pratiquée dès l'enfance ; on se rappelle avec quelle maturité il aurait, âgé de 13 ans à peine, dompté le fougueux Bucéphale. Cette aptitude extrême aux exercices corporels ne l'a jamais détourné d'activités moins physiques, comme la poésie lyrique ou la musique ; Alexandre est notamment réputé pour avoir été un excellent harpiste.

Un moment, Darius le rappelle à la réalité en cheminant à sa rencontre, à la tête d'une armée terrible et très nombreuse. L'affrontement a lieu à Gaugamèles, non loin de l'ancienne Ninive. À Parménion, qui proposait d'attaquer à nouveau de nuit et par surprise, Alexandre répond : « Je ne veux pas voler ma victoire. » Et c'est finalement au petit matin – après avoir dormi du sommeil du juste – qu'il engage ce qui restera comme sa plus grande bataille. Jamais les troupes n'avaient encore manifesté tant d'impatience à combattre, sous les ordres d'un roi divinisé, paré des attributs nouveaux de sa puissance orientale. Des cent aspects d'un combat entré sans délai dans la légende, se détache la charge des Mèdes de Darius, dévalant la colline sur leurs milliers de chars. Devant l'assaut, qui fait trembler le sol et soulève des nuées de poussière, la phalange s'écarte et laisse les chars s'avancer dans ses lignes ; on se jette alors sur les auriges, on coupe les jarrets des chevaux. Mêlée affreuse. S'accrochant aux jambes des chevaux macédoniens, les Perses désarçonnés font rempart de leur corps. Pour l'Empire achéménide, la défaite tourne à la débâcle. Plus personne, désormais, ne sera plus en mesure de s'opposer vraiment au grand Alexandre.

Il est le maître tout-puissant non seulement de la Perse et de son empire, mais de l'ensemble du monde connu. Mais les conquérants sont parfois plus fragiles qu'on ne le croit ; et ce qui leur réussit en temps de guerre devient faiblesse en temps de paix. Alexandre se noie bientôt dans les plaisirs et la facilité ; il se vêt à l'orientale, se laisse vénérer à l'égal d'un dieu, boit beaucoup et sombre de plus en plus souvent dans des colères délirantes. Même son entourage finit par redouter ses sautes d'humeur imprévisibles. N'ira-t-il pas jusqu'à incendier le palais de Persépolis ?

Et jusqu'à tuer de ses propres mains son ami Cleitos – son propre sauveur de la bataille du Granique ? Devenu paranoïaque, Alexandre se retourne à présent volontiers contre ses proches. Parménion fait les frais d'un accès de folie : Alexandre fera torturer atrocement son fils, le jeune Philotas, pour trouver de quoi l'accuser et le faire condamner.

Ultime sursaut, la conquête des Indes. En moins d'un an, c'est une armée fort peu atteinte qu'il a conduite plus à l'est qu'aucune troupe occidentale avant elle. À la fin du printemps 327, Alexandre s'est mis en marche vers l'Indus ; il franchit les étroits défilés du Kafiristan, au-delà des hautes vallées de l'Hindou Kouch. Les hauts sommets – certains culminant à plus de 7 000 mètres – seront franchis en moins de dix mois. Voici Alexandre sur le cours supérieur de l'Indus, où le fidèle Héphestion – son plus cher ami – l'a précédé. Le moment est venu d'affronter deux centaines d'éléphants de combat d'un rajah du Pendjab : Poros.

L'Indus est conquis – mais voilà qu'un jeune prince local, Tchandragoupta, lui propose d'aller plus loin encore, jusqu'à l'Inde elle-même qui, l'assure-t-il, ne demanderait pas mieux que de se donner à lui. Juste à douze jours de marche, en plein désert… Douze jours de trop pour les hommes d'Alexandre qui, à bout, ne veulent plus avancer. Les passages hasardeux en altitude, les longues expositions au soleil des cols, les pluies de flèches qu'ils ont eu à essuyer, tout cela les a laminés. De dépit, leur chef – comme Achille – se retire sous sa tente. Trois jours. Mais ce sera le talent et la force d'Alexandre de saisir leur état d'esprit et de sacrifier sa soif de découvrir des nouveaux horizons sur l'autel du respect dû aux soldats vainqueurs. Le conquérant n'insiste pas. Et le disciple d'Aristote accepte de faire demi-tour.

À l'automne 326, ayant fait sacrifier douze autels monumentaux aux principaux dieux de l'Olympe, Alexandre rebrousse chemin. Il lui reste alors, avant de mourir à Babylone, moins de trois années. Ce ne seront pas les plus belles – les grands intrépides ne sont pas faits pour le déclin.

3
L'AFFAIRE DES PLACARDS : FRANÇOIS Ier DIT NON À LA RÉFORME (1534)

Pendant plus d'une décennie, la réaction de la couronne de France aux idées luthériennes est demeurée flottante. Le roi François Ier, influencé par sa sœur Marguerite, s'est même montré, plus d'une fois, ouvert à la Réforme et disposé à la conciliation. Jusqu'à cette nuit fatidique du 17 au 18 octobre 1534, et aux événements entrés dans l'Histoire sous le nom d'« affaire des Placards »...

Au petit matin du 18 octobre 1534, une agitation fébrile s'empare des escaliers et des antichambres du château d'Amboise. Les valets, les gardes, les courtisans qui se préparaient à réveiller le roi sont tombés sur de sidérants feuillets, imprimés et placardés dans différents lieux en vue, jusque, dit-on, sur la porte de François Ier et dans son propre drageoir ! Le texte de ces affiches – de ces placards – est un manifeste anticatholique des plus virulents, dénonçant en termes outranciers les « horribles, grands et insupportables abus de la messe papale inventée contre la sainte cène ». Assez vite, la Cour apprendra que les mêmes brûlots ont été placardés dans plusieurs villes royales : Amboise, certes, mais aussi Blois, Orléans et Paris. L'émotion est intense, à la hauteur de la provocation.

À cette époque, à la Cour s'affrontent deux partis, opposés avant tout sur la question religieuse : d'un côté celui du connétable de Montmorency, indéfectiblement catholique et tenant d'une paix définitive avec l'empire des Habsbourg ; de l'autre, celui de l'amiral Chabot de Brion et de la favorite en titre, plus volontiers belliciste, car favorable aux idées de la Réforme. Ce dernier bénéficie du soutien décisif de la sœur du roi, la reine Marguerite de Navarre, qui, sans être encore tout à fait luthérienne, défend depuis longtemps une approche évangélique de la religion. Évidemment, en octobre 1534, ces deux partis ne peuvent regarder du même œil ce qui va devenir l'affaire des Placards : l'amiral fait le dos rond et tente de minimiser les faits, quand le connétable, sautant sur l'aubaine, en rajoute dans l'indignation outrée.

L'écho de l'événement dépasse les frontières pour ébranler le fragile équilibre de la diplomatie européenne. Il est vrai que, depuis quelques mois, tout semblait engager les Français dans la voie de la conciliation religieuse. Leur lancinante querelle avec Charles Quint était en plein regain ; la mort du pape Clément VII, ami de la France, avait poussé sur le trône de saint Pierre un Farnèse, Paul III, plutôt favorable à l'empire, mais aussi ouvert que son devancier à l'idée d'un retour en paix des réformés dans le giron de l'Église romaine ; enfin, la perspective d'une reprise des hostilités poussait le roi de France à chercher un soutien chez les princes allemands protestants, en rupture de ban avec leur empereur. On comprend dès lors que François Ier, tant pour complaire à la papauté que pour fragiliser son ennemi intime, se soit montré fort indulgent envers les disciples de Luther. En somme, il a semblé jusqu'ici se satisfaire d'un jeu de balançoire entre catholiques et protestants.

Depuis longtemps du reste, on a vu François prendre un certain plaisir à soutenir les hardiesses de sa sœur en ce domaine, et à contrer les sanctions de la Faculté et du parlement de Paris contre tel ou tel réformé. Par ailleurs, le souverain n'a pas hésité à confier à Guillaume Du Bellay une incroyable mission de conciliation, l'envoyant rencontrer en son nom les chefs de la Réforme : Myconius à Bâle et Bucer à Strasbourg, notamment, mais aussi et surtout Mélanchton à Wittenberg. Ainsi la France, soutenue en sous-main par le Saint-Siège, s'est-elle mise en situation de réduire le nouveau schisme qui, depuis quinze ans, déchire la chrétienté. C'est dire si, dans l'entourage du roi de France, les catholiques purs et durs tremblent de voir la couronne de Saint Louis conforter ce qu'ils considèrent comme une hérésie ! À moins que la provocation du 18 octobre, remettant soudain tout en cause, ne les délivre opportunément d'un tel péril…

La fin du mois est, à la Cour, lugubre. Confronté au violent défi posé à son autorité par l'affaire des Placards, François Ier pourrait prendre de la hauteur et, tout en sanctionnant l'imprimeur pour l'exemple, opter plus généralement pour la clémence. Ce serait, à tout prendre, la réaction proportionnée d'un souverain équilibré, visionnaire ; hélas, François n'est ni l'un ni l'autre… Depuis toujours imbu de son pouvoir et allergique à tout ce qui pourrait passer pour une lèse-majesté, le souverain outragé se met à voir rouge : il prend l'offense de plein fouet, la regarde comme personnelle et, sous l'effet de la colère, balaie d'un revers de main ce que lui-même cherchait à construire depuis des mois. C'en est soudain fini de sa politique d'indulgence et de main tendue ; le ciel s'obscurcit pour les réformés de France, qui désormais seront traités avec la plus grande rigueur.

Le parti Chabot fait profil bas. Les sympathisants de la Réforme fuient au plus vite, et le plus loin possible. Car, en quelques semaines, c'est une répression terrible qui s'abat sur les plus engagés. Le 13 janvier 1535, l'on interdit l'imprimerie, au moins pour un temps ; et le 21, le roi lui-même, en « robe de velours noir », conduit à travers la capitale une sombre procession expiatoire, implorant Dieu de pardonner leurs erreurs à ceux de ses sujets qui se seraient fourvoyés dans l'hérésie. Un cierge à la main, le roi proclame : « Je veux que lesdites erreurs soient chassées de mon royaume, et n'en veux aucun excuser, en sorte que si un des bras de mon corps était infecté de cette farine, je le voudrais couper, et si mes enfants en étaient entachés, je les voudrais moi-même immoler. »

Les contemporains sont frappés par l'ampleur de la pénitence. « Il y avait, écrit le procureur Jean Bouchet, grand nombre de cardinaux, évêques, abbés et autres prélats, et tous les collèges séculiers de Paris, en bon ordre. Après eux venait Jean Du Bellay, évêque de Paris, portant en ses mains le saint sacrement ; puis le roi marchait la tête nue, tenant une torche de cire vierge à la main ; et après lui marchaient la reine, messieurs les princes, les deux cents gentilshommes, toute sa garde, la cour du Parlement, les maîtres des requêtes et toute la justice... » À des bûchers, dressés sur les plus grandes places, ont été liés des hérétiques que la foule menace d'écharper avant même que les flammes ne les dévorent vivants.

C'est peu dire que ces sacrifices expiatoires indisposent les alliés d'hier, en Allemagne... Voltaire, un jour, fustigera François Ier, dénonçant ce « funeste contraste de faire brûler à petit feu dans Paris des luthériens, parmi lesquels il y avait des Allemands, et de s'unir en même temps aux princes luthériens d'Allemagne, auprès desquels il est obligé de s'excuser de cette rigueur, et d'affirmer même qu'il n'y avait point eu d'Allemands parmi ceux qu'on avait fait mourir ». Mais la colère l'emporte décidément sur la raison.

Huit jours plus tard est publié un édit « pour l'extirpation et extermination de la secte luthérienne et autres hérésies ». L'on va jusqu'à attribuer le quart des biens confisqués aux coupables à toutes celles et tous ceux « qui révéleront et dénonceront à justice aucuns desdits délinquants, soit des principaux sectateurs, ou de leurs recélateurs [*sic*] »… Il faudra attendre l'édit de Coucy, en juillet, pour que soit suspendue cette chasse aux sorcières. Ainsi donc, au final, l'affaire des Placards aura détourné la couronne de France de sa politique initiale de modération, pour l'ancrer profondément, à jamais, dans le camp d'un catholicisme intransigeant, et ouvrir un demi-siècle et plus de persécutions religieuses et de guerre civile. De sorte que si, froidement, l'on cherche à qui le « crime » a profité, force est de se poser la question : quel intérêt les protestants auraient-ils eu à orchestrer une telle provocation ?

Certes, considérant tous les faits établis, personne ne pourra douter que, de bonne foi, il faille imputer la rédaction, l'impression, la diffusion des sulfureux placards à un prêtre réformé de Neuchâtel, disciple du dogmatique Guillaume Farel de Genève : Antoine Marcourt. C'est bien ce fanatique qui, indubitablement, a rédigé le brûlot et l'a fait imprimer.

Cependant, connaissant les tenants et les aboutissants de l'affaire, il semblerait léger de s'en tenir à cet unique constat, sans chercher à savoir si, dans l'ombre, derrière l'esprit agité d'Antoine Marcourt, n'auraient pas secrètement œuvré ce que l'on appelle parfois, avec pudeur, des intérêts supérieurs. Je cite sur ce point Jean-Luc Dejean, biographe de Marguerite de Navarre : « Je suis de ceux qui croient que les plus fous des ultras, dans l'entourage royal, ont pu [aider Marcourt]. Eux seuls y avaient profit, non les réformés... Ravaillac certes assassina Henri IV : mais qui armera la main de Ravaillac ? » Sans pouvoir prouver que certains catholiques haut placés ont tout fait pour favoriser la provocation de Marcourt et des siens, je pencherais moi aussi, bien volontiers, dans ce sens. Il me semble logique, en effet, de chercher les instigateurs d'un acte aussi provocateur dans le camp de ses bénéficiaires et non dans celui de ses victimes. Comme on le disait encore couramment, à l'époque : *Is fecit cui prodest* – l'auteur (du crime) est celui à qui il profite.

Le texte des Placards

Articles véritables sur les horribles, grands et insupportables abus de la messe papale, inventée directement contre la sainte cène de notre Seigneur, seul Médiateur et seul Sauveur Jésus-Christ.
« J'invoque le ciel et la terre en témoignage de Vérité, contre cette pompeuse et orgueilleuse messe papale, par laquelle le monde (si Dieu bientôt n'y remédie) est et sera totalement ruiné, abîmé, perdu et désolé : quand en [elle] notre Seigneur est si outrageusement blasphémé et le peuple séduit et aveuglé, ce qu'on ne doit plus souffrir ni endurer...
À tout fidèle chrétien il est et doit être très certain que Jésus-Christ, comme grand Évêque et Pasteur éternellement ordonné de Dieu, a [donné] son corps, son âme, sa vie et son sang pour notre sanctification, en sacrifice très parfait : lequel ne peut et ne doit jamais être réitéré par aucun sacrifice visible. [...]
En cette malheureuse messe, on a provoqué quasi l'universel monde à idolâtrie publique, quand faussement on a donné à entendre que sous les espèces du pain et du vin Jésus-Christ est contenu et cache corporellement, réellement et... personnellement,

en chair et en os, aussi grand et parfait comme à présent il est vivant. Ce que la sainte Écriture, et notre foi, ne nous enseigne, mais au contraire. [...] Ces sacrificateurs aveugles ont en leur frénésie encore dit et enseigné qu'après avoir soufflé ou parlé sur ce pain, qu'ils prennent entre leurs doigts et sur le vin, qu'ils mettent au calice, il n'y demeure ni pain ni vin, mais par transsubstantiation, Jésus-Christ est sous les accidents du pain et du vin caché et enveloppé [...]
Le fruit de la messe est bien contraire au fruit de la sainte cène de Jésus-Christ, ce qui n'est pas [étonnant], car entre Christ et Béhal il n'y a rien commun. [...] Par [la messe] toute connaissance de Jésus-Christ est effacée, la prédication de l'Évangile est rejetée et empêchée, le temps est occupé en sonneries, hurlements, chanteries, cérémonies, luminaires, encensements, déguisements et telles manières de singeries, par lesquelles le pauvre monde est comme brebis ou moutons misérablement entretenu et [dupé] et par ces loups ravissants mangé, rongé et dévoré... Ils tuent, ils brûlent, ils détruisent, ils meurtrissent comme brigands tous ceux qui [les] contredisent... Vérité les menace. Vérité les suit et pourchasse. Vérité les épouvante. Par laquelle [bientôt] ils seront détruits. [Ainsi soit-il !] Amen. »

4
Les Sabotiers se fâchent

Alors que, dans notre histoire, bien des mouvements insurrectionnels sont nés à Paris, celui des Gilets jaunes a vu le jour dans une France provinciale et périurbaine. De là à le qualifier de jacquerie, comme l'ont tant fait les médias depuis quelques mois, il y a un pas que l'on ne saurait franchir trop vite. « Il semble que, sur le terme de jacquerie employé à tort et à travers, remarquait Alain Decaux dès 1961, on ait commis bien des erreurs… » Au rapprochement du mouvement actuel avec les jacqueries médiévales, et notamment avec celle, fondatrice, de 1358, Franck Ferrand préfère celui qu'on pourrait établir avec certaines fièvres populaires, marquées par la défiance du peuple envers les élites. Ainsi de la terrible guerre des Sabotiers – qui doit son nom aux sabots dont étaient chaussés les paysans d'alors –, dans la Sologne des années 1650.

Un malaise diffus et persistant, entretenant une colère sourde envers des élites coupées de la réalité ; le sentiment de subir au quotidien les méfaits, notamment fiscaux, d'un système injuste ; des revendications disparates, parfois contradictoires, masquant le rejet d'un régime de plus en plus éloigné des gens ; enfin une décision gouvernementale mal annoncée, perçue comme provocatrice et mettant le feu à des poudres qui n'attendaient, pour exploser, qu'une étincelle : la grande révolte de la Sologne, au tout début du règne de Louis XIV, entrée dans l'histoire sous le nom de « guerre des Sabotiers », fait étrangement écho à celle d'aujourd'hui.

Elle voit le jour dans la suite immédiate de la Fronde – des Frondes, si l'on distingue le soulèvement parlementaire de la révolte princière – alors que le pouvoir royal, qui s'incarne pour un temps dans la figure étrangère de Mazarin, paraît fragile et sous l'influence de puissances occultes. En 1652, les armées du roi, commandées par le transfuge Turenne, ont investi Gien et barré la route de Paris à l'armée des princes ; victorieuses de Condé, elles ont de la sorte affermi le Trône et réinstallé l'Italien au pouvoir. Mais la noblesse locale, plutôt fidèle aux frondeurs, n'en mûrit pas moins sa vengeance : elle entretient sur les bords de Loire un climat de défiance larvée envers la Cour et Paris.

Moins de deux ans plus tard, alors qu'une misère endémique tenaille les habitants de la Sologne – on les appelle alors Solonais, pas encore Solognots –, un simple couvreur du nom de Crochet se dresse contre des collecteurs d'impôt, entraînant une rétorsion dont fera les frais, entre autres, un innocent artisan de Romorantin. Soulèvement de la population en sa faveur, troubles, violences… Déjà s'émeut toute une province ; or, ce n'est qu'un début.

C'est l'affaire dite « des liards » qui lance vraiment les hostilités. De quoi s'agit-il ? D'une sorte d'impôt indirect imaginé par Mazarin et ses conseillers, et qui consiste à forcer artificiellement, au profit du Trésor, le cours d'une monnaie d'appoint en cuivre – le liard, frappé notamment à Meung. Le 23 mai 1658, une ordonnance de police « fait défense à toutes personnes de faire refus des liards dans le menu commerce », ce qui exaspère le petit peuple. « Les paysans de Sologne se sont si fort attroupés, note ainsi le médecin Guy Patin le 29 mai, qu'ils sont aujourd'hui une armée de sept mille hommes. Une fois en marche, cette armée s'augmente comme la renommée dont parle le poète latin. Elle reçoit dans ses rangs tous les mécontents des paroisses qu'elle traverse. Ce désordre irait bien loin s'ils avaient un chef de remarque. »

Ce sera bientôt le cas. Les Sabotiers vont se trouver pour chef un jeune gentilhomme protestant, Gabriel de Jaucourt, marquis de Bonesson, frère de frondeurs tués au feu. Sous sa houlette, la révolte semble se structurer ; de l'Orléanais, elle ne tarde d'ailleurs pas à s'étendre à la Beauce et au Perche, en direction de la Normandie. Elle gagne aussi, plus timidement, le nord du Poitou, amenant finalement le Conseil du roi, en juin, à interdire partout des réunions populaires qu'on devine sans peine vouées à l'émeute.

Mais cette défense engendre justement ce qu'elle était censée empêcher : n'ayant plus aucun droit de se rassembler en ville, les mécontents vont se trouver repoussés plutôt vers les campagnes, où leurs agissements sont incontrôlables. L'historien classique de la révolte, Louis Jarry, n'en mentionne pas moins le siège, par les troupes royales, de la cité de Sully-sur-Loire, où se sont réfugiés quelque 2 000 insurgés. Le parlement de Paris, en dépit d'attaches frondeuses, doit se résoudre à sévir. Un premier arrêt de cette cour enjoint les rebelles à déposer les armes, « sous peine d'être traités comme criminels de lèse-majesté » ; un second fait défense « de faire aucunes levées de gens de guerre et recrues, et avec icelles tenir la campagne, sans avoir sur ce ordre exprès du roi ». Il va de soi que pour les insurgés, ce ne sont là que des mots ; mais des mots appuyés, dans les faits, par le déploiement sur place de troupes royales…

Sévir d'un côté, négocier de l'autre : l'oncle du jeune Louis XIV, l'ineffable Gaston d'Orléans, est envoyé par la Cour aux insurgés, en tant que médiateur. Ce prince rencontre ainsi Bonesson, qui de son côté tente de donner consistance aux revendications diverses dont il est le dépositaire : baisse de la taille – l'un des impôts les plus impopulaires – ainsi que liberté du cours des liards… Mazarin feint de comprendre ces préoccupations, mais il ne concède rien sur le fond ; peut-être a-t-il compris qu'au-delà des plaintes formelles, la révolte a des causes plus profondes, autrement périlleuses pour l'ordre établi : elle vise à mettre en cause rien de moins que l'équilibre des forces au sein du royaume ; ce sont les démunis qui se dressent en vérité contre les nantis, ou du moins ceux qui en font figure.

Accéder aux conditions des rebelles, nous dit Louis Jarry, aurait été, dès lors, « un acte de faiblesse et un danger tout à la fois. En traitant les Sabotiers comme des belligérants, on aurait légitimé leur révolte ; en satisfaisant toutes leurs prétentions, on leur laissait les honneurs de la guerre. Quelle garantie avait-on qu'ils ne recommenceraient pas à la première occasion, sous le moindre prétexte ? Qui pouvait assurer que les provinces voisines ne se prévaudraient pas d'une telle impunité et que le soulèvement, gagnant de proche en proche, ne deviendrait pas général ? ».

Révoltes paysannes au Grand Siècle

Sous le règne de Louis XIV, les soulèvements les plus considérables, outre celui des Sabotiers, furent ceux qui agitèrent successivement le Boulonnais en 1661, Laval en 1662, l'Auvergne en 1663, le Béarn, la Bigorre et Bordeaux, ainsi que Bourges, en 1664 et 1665, Rennes et la Basse-Bretagne en 1675... D'autres mouvements, plus partiels, eurent lieu à Lyon, ainsi que dans le Vivarais en 1670, à Tours, Périgueux, au Mans entre autres... Leur point commun est d'avoir fait l'objet, sans exception, de répressions terribles. Aux yeux de Louis XIV et de ses ministres, dont Colbert, c'était le prix à payer pour consolider l'État.

Aux yeux de la Cour, du Parlement, de Paris – autant dire du point de vue des milieux privilégiés –, les paysans de Sologne sont devenus en quelques semaines des ennemis mortels. « Regardez-les, ces croquants méchus, francs de collier et braillards sous leurs haillons fantômes, écrit le conteur Gérard Boutet. Regardez-les : ils en valent la peine. Regardez-les : armés jusques aux chicots, avec leurs faux rouillées emmanchées à revers, avec leurs javeloires émoussées, avec leurs broches dérobées chez quelque châtelain d'importance. » Le conteur solognot leur oppose la violence froide des troupes armées, au nom du jeune roi, contre ces « méchants Sabotiers de Sologne ». Des troupes au demeurant plus actives aux beaux jours qu'à la morte-saison : « Les patrouilles cessaient tout l'hiver, écrit-il, ou du moins se faisaient plus rares dans l'arrière-pays. La canaillerie profitait du répit pour se requinquer. Certains gagnaient leurs locatures, ils étaient parfois accueillis par les soldats, ou ne retrouvaient que des pignons cendreux. Les autres s'installaient au creux d'une clairière abritée le temps de la saison froide. On creusait des culs-de-loups, qui sont mi-tanières, mi-huttes, et les Sabotiers s'enterraient là, au fond de leurs bauges, comme ces bêtes sauvages qui hibernent. »

Bonesson s'en ira quémander, jusqu'en Belgique, l'appui de Condé – en vain. Ses Sabotiers doivent se contenter de leurs moyens, limités par essence, de gueux en colère… Dans les villes, des milices sont constituées contre eux, afin de veiller à la sécurité bourgeoise, tandis que s'organise la répression royale, sous les auspices du lieutenant général de La Piloys et du maréchal de Clérambault. C'est le sort des insurrections que de se confronter tôt ou tard à la force légale : en l'occurrence, le choc a lieu à Saint-Denis-sur-Loire, en amont de Blois. Victoire sans quartier de l'ordre, avec la répression qui l'accompagne à coup sûr : corps d'insurgés accrochés aux charrettes et traînés sur les routes, prisonniers pendus à la croix des chemins… L'automne venu, le nouvel intendant d'Orléans, François de Fortia, nommé par le jeune Colbert – pas encore ministre – fera son affaire d'étouffer à jamais la Sologne sous une chape de plomb, déchaînant sur la province d'infâmes dragonnades avec leur cortège d'horreurs. Ainsi va dépérir une province entière, persécutée, dépeuplée, minée dans sa substance vive.

Gabriel de Jaucourt, marquis de Bonesson, condamné à mort par contumace, passe quant à lui l'année 1659 en cavale. Il n'aura pas de répit jusqu'à son arrestation, au milieu de ses complices, le 1er septembre. Il montera sur l'échafaud courant décembre, à Paris, place de la Croix-du-Tailloir. « Il est mort en huguenot et n'a jamais voulu entendre le docteur de Sorbonne, qui tâchait de le convertir, nous raconte Guy Patin. Il n'a point voulu être bandé. Je pense qu'il a été vu de tout Paris car il a été amené de la Bastille dans une charrette fort élevée [...], escorté de 800 archers à pied et à cheval. » Avec cette exécution pour l'exemple s'achève l'insurrection spontanée de ces petites gens, cœur d'un royaume en crise ; les nombreux soulèvements qui, dans la suite du règne de Louis XIV, ne cesseront d'éclater ici et là ne seront qu'une succession de feux de paille, bien vite éteints.

5
Colbert, ombres et lumières

En 2020 s'est tenue, au domaine départemental de Sceaux, une exposition intitulée « Les Colbert, ministres et collectionneurs ». Occasion rêvée pour Franck Ferrand de nous livrer une évocation en demi-teinte du plus grand serviteur de Louis XIV.

Dix ans durant – dix années courtes et belles –, de 1661 à 1671, Jean-Baptiste Colbert s'impose comme l'homme fort du régime. Cette décennie, la première du règne personnel de Louis XIV, a laissé dans l'inconscient français le souvenir roboratif d'un grand nettoyage de printemps. Car en 1661, tout est à construire au sein d'un État en pleine transformation. Cela paraît justifier la fièvre normative de Jean-Baptiste Colbert : réorganisation des conseils, reprise en main des intendances, extension de la justice royale, fondation d'académies et de grands corps, unification des mesures, développement des manufactures, extension du domaine colonial... Autant de fers au feu pour ce véritable artisan de la grandeur de la France – au service de ce que les initiés appellent, avec un brin de mystère, le « grand dessein ».

L'on passerait sans doute à côté du personnage, de sa vie, de sa vocation, en oubliant que tous ses efforts n'auront en vérité tendu qu'à cet accomplissement. Sans la perspective du grand dessein, le sérieux de Colbert passerait pour de la sottise, et sa persévérance, pour de l'acharnement. Comment définir un tel projet ? En disant avant tout qu'il reprend et file la ligne de Richelieu, elle-même en partie prolongée par la politique de Mazarin. Comme le grand cardinal – le premier des deux –, Colbert n'œuvre qu'à la gloire de son souverain ; comme lui, c'est l'État qu'il construit à travers le renforcement, tous azimuts, du pouvoir central. Tout ce qui peut contribuer à la puissance et à l'éclat de la monarchie française doit être favorisé ; tout ce qui risquerait de les amoindrir ne peut qu'être combattu.

Mais avant tout cela – et c'est en quoi Colbert s'est ouvert des droits à la gratitude de Louis XIV – il s'est chargé d'assainir les finances, de réduire la puissance des créanciers, de régulariser l'impôt et d'augmenter autant que possible la fiscalité indirecte, ne serait-ce que par le biais de la gabelle. Or, s'il est comptable des deniers de l'État, Jean-Baptiste Colbert ne s'en révèle pas moins soucieux des intérêts particuliers du roi, dont il gère aussi le domaine propre avec sollicitude. Le cas du domaine forestier est exemplaire à cet égard : sous sa conduite, la reconquête sera telle que, de 80 000 livres en 1661, il finira par en rapporter, un quart de siècle plus tard, plus de cinq millions l'an !

Le « bois du roi » n'est du reste pas produit sans raison. La patience et la ténacité dont Jean-Baptiste Colbert, depuis le silence fébrile de son cabinet, peut faire preuve trouvent une illustration complémentaire dans la constitution de cette marine puissante, soutien d'un commerce rayonnant, qui requiert tous ses efforts. Chaque vaisseau lancé au nom de la Couronne est une victoire à ses yeux plus importante que celles remportées sur les champs de bataille. Et chaque comptoir fondé outre-mer, un établissement plus essentiel que n'importe quelle place forte. « Les compagnies de commerce, a-t-il écrit, sont mes armées, les manufactures de France, mes réserves [d'armes]… »

C'est que, pour Colbert, la véritable guerre se mène sur le terrain économique ; au demeurant son grand dessein n'a-t-il pour finalité que de créer le cadre efficace d'une activité redoublée. Un mercantilisme bien compris doit amener à produire à l'intérieur du royaume des biens à forte valeur ajoutée, et à les exporter en masse pour accroître la richesse nationale. Logique marchande s'il en fut jamais… Louis Madelin a bien dit ce que la vertu colbertiste doit aux ancêtres du grand ministre, marchands de draps à Reims : « Le sang qu'il avait reçu des drapiers rémois, ses pères, le faisait bon commerçant. On n'est point impunément issu d'une lignée de gens qui, pendant deux siècles, ont, chaque soir, soigneusement "fait leur caisse" et "contrôlé leurs livres". Un génie extrêmement réaliste doit naître d'une dynastie de négociants rompus à l'étude du doit et avoir. »

Une politique culturelle fort brillante vient parachever ce grand œuvre à la gloire d'un monarque appelé à faire « fleurir les sciences et les arts libéraux dans son royaume ». Sur ce plan comme sur d'autres, Colbert met un point d'honneur à tenir le roi informé du gros et du détail : « Les deux hommes se parlent au moins cinq fois par semaine au Conseil, souligne Inès Murat, deux ou trois fois par semaine au cours de la "liasse" (ou "travail de Sa Majesté") – près de quarante heures par mois. En outre, ils correspondent par écrit très régulièrement, sans intermédiaire, les lettres de Colbert sont écrites à mi-marge ; Louis XIV lui renvoie ses textes après les avoir longuement apostillés de sa main. »

Pour autant, le monarque n'est pas dupe des faiblesses de son grand serviteur ; s'il lui reconnaît dans ses fameux Mémoires « beaucoup d'application, d'intelligence et de probité », il n'en ajoute pas moins : « Il avait encore plus d'ambition, et un peu sans doute d'étroitesse, mais il servait bien. » Cette ultime mention rachète sans doute aux yeux du roi ce que son jugement pourrait avoir d'assassin ; il n'empêche : pour que lui-même trouve à Colbert de l'ambition et de l'étroitesse, il faut que ces défauts aient été bien visibles.

Au vrai, l'ambition de Colbert a quelque chose de pathologique. Elle va l'amener à collectionner portefeuilles et responsabilités dans des proportions déraisonnables – et finalement ruineuses pour ses nerfs... Comme l'écrivait Inès Murat, « certaines charges qu'il exercera officieusement appartiennent officiellement à d'autres hommes. Dans les faits, si l'on compare ses fonctions à celles d'un gouvernement de notre siècle, le principal ministre de Louis XIV a le contrôle de l'intérieur, de l'aménagement du territoire, de la justice (du moins jusqu'en 1677), des finances, du budget, de l'économie (industrie et commerce), de l'agriculture, de la mer, des colonies, de la recherche, de la culture, sans oublier Paris et l'organisation de la Maison du roi ! Il gouverne tous les ministères, hormis les Affaires étrangères et la Guerre (sans oublier, néanmoins, qu'une partie des fortifications et la marine de guerre demeurent sous sa tutelle) ».

Cette avidité dépasse sa personne pour s'étendre à toute une famille. Pussort, Croissy, Desmaretz, Seignelay, d'Ormoy : oncle, frère, neveu et fils – auxquels il faudrait ajouter bien des cousins – se partageront ainsi les plus hautes charges… La puissance du clan Colbert devient telle, au tournant des années 1670, qu'elle peut prétendre faire école à l'usage des grandes familles qui, par la suite, prétendront tirer parti de la position d'un des leurs. Dans leur récente biographie, Thierry Sarmant et Mathieu Stoll s'attardent sur ce clan et ses alliances, montrant de manière explicite à quel point la fortune du ministre a pu rejaillir sur l'ensemble de sa parentèle. « Tous profitent de la fortune du contrôleur général, écrivent-ils, même les religieuses les plus austères, même les cousins les plus éloignés. Le clan se fait nébuleuse, galaxie organisée en cercles concentriques dont Jean-Baptiste occupe le centre. Il n'y a d'abord de "grand Colbert" – l'expression est employée du vivant du ministre – que parce qu'il y a une multitude de Colbert plus petits, au milieu desquels se détache notre héros. »

« Chez Colbert, précisent par ailleurs Sarmant et Stoll, ambition personnelle et conviction doctrinaire se confondent. L'une et l'autre concourent à lui faire considérer l'État comme un système, c'est-à-dire un ensemble dont les parties ont vocation à être organisées rationnellement. Pour adopter une métaphore organique, les finances sont le fluide vital qui irrigue un corps aux dimensions du royaume. Pour que le fluide circule en abondance, il faut que membres et veines soient en bonne santé. Diriger les finances conduit à s'intéresser au gouvernement général de l'État et de la société pour que règne la "maxime de l'ordre". » Intrusif et même prédateur, l'État selon Colbert ne fonctionne bien qu'en vertu de directives strictes et d'une surveillance étroite de leur application. Contrôleur général en titre, le ministre l'est aussi bien dans l'âme ; d'ailleurs, il contrôle tout : la Cour et la Ville, la marchandise et le marché, la terre et la mer, et sa famille, et ses alliés...

L'étroitesse d'esprit qui peut résulter, à terme, de telles dispositions, aura sauté aux yeux des contemporains les plus indulgents. La rigueur de Colbert – on l'a souvent dit – l'avait fait surnommer le « Nord » par Mme de Sévigné, qui l'appelait aussi le « ministre bourru » ; il est vrai que, fidèle à la mémoire de Fouquet, la marquise ne pouvait se trouver bien disposée envers son ennemi le plus acharné... L'épistolière ajoute qu'au moral glaçant du personnage correspond un physique assez peu engageant. L'abbé de Choisy, de son côté, nous le décrit « le visage naturellement renfrogné. Ses yeux creux, ses sourcils épais et noirs lui faisaient une mine austère et lui rendaient le premier abord sauvage et négatif ; mais dans la suite, [...] on le trouvait assez facile, expéditif et d'une sûreté inébranlable ».

Les douze longues années qui, de 1671 à 1683, le voient lutter pour continuer d'exister face à Louvois seront plutôt sombres. À la fin, lorsque le roi, sincèrement inquiet pour sa santé, lui fait porter un message d'amicale sollicitude, Jean-Baptiste Colbert affecte de n'y prêter nulle attention. Douloureux dépit… Sans doute était-il arrivé « trop tôt dans un monde à la fois trop vieux pour le comprendre et pas assez vieux pour que Colbert lui-même pût le jeter bas, devait estimer Madelin. Lorsque, las d'avoir seul lutté contre l'irrésistible torrent qui, dès cette époque, entraînait les Bourbons à l'abîme, Colbert se coucha mourant, il montrait de l'amertume et il avait raison ! On ne l'avait pas compris ».

L'orage de 1671

Il faut lire *Le Grand Colbert*, une biographie récente signée Thierry Sarmant et Mathieu Stoll aux éditions Tallandier. Les auteurs y racontent notamment la plus grave crise jamais survenue entre le roi et son ministre, au printemps de l'année charnière. Jean-Baptiste Colbert, fragilisé par des affaires où se trouvaient compromis, respectivement, son frère Croissy et son cousin Terron, avait de surcroît mal vécu la nomination de Louvois, son rival, au poste de chancelier du prestigieux ordre du Saint-Esprit. Le 22 avril, Louis XIV devant partir pour la Flandre, Colbert lui fait une scène assez folle à propos du transfert au clan Louvois de la tutelle des troupes de marine. Comme toujours maître de lui, le roi ne réplique pas sur le moment ; mais, deux jours après, il lui adresse depuis Chantilly une missive des plus sèches, pour ne pas dire menaçante. « Ne hasardez plus de me fâcher encore, conclut le monarque, car après que j'aurai entendu vos raisons et celles de vos confrères, et que j'aurai prononcé sur toutes vos prétentions, je ne veux plus jamais en entendre parler. » La réponse du fautif, sans doute au bord du désespoir, dut apaiser l'ire du roi, puisque ce dernier lui écrivait, le 26 avril : « Croyez [...] que je ne suis point changé pour vous, et que je suis dans les sentiments que vous pouvez désirer. » « L'orage de 1671, concluent les auteurs, qui n'est connu que par le dossier d'archives conservé à Dampierre, n'a qu'un équivalent dans tout le règne de Louis XIV : il survint vingt ans plus tard, en 1691, entre Louvois et son maître, au moment du siège de Mons. Mais cette crise-là fut publique, attestée de plusieurs témoins, et si grave qu'elle semblait annoncer une disgrâce. Les querelles entre le roi et Colbert, elles, restèrent dissimulées aux yeux des courtisans, et jamais Jean-Baptiste ne semble être parvenu au bord du gouffre. »

6
La Belle Aïssé, égérie de la Régence

Paul de Saint-Victor disait de Mlle Aïssé, épistolière du temps de Louis XV : « Il y a de la dame, de la vierge et de la houri dans cette figure nuancée d'esprit, de langueur et d'ingénuité. » Mais qui fut cette ancienne esclave d'Istanbul, devenue l'une des égéries de la Régence ?

Ce pourrait être le début d'un conte de Perrault : « Il était une fois une petite fille pleine de vie, qui arborait le plus joli visage » ovale au teint mat, avec des yeux de biche sous des cils de velours – des yeux diffusant la joie. Pourtant, cette enfant n'avait guère matière à se réjouir.

Originaire de Circassie – dans le Caucase, entre le Don et la Volga –, elle avait vu, petite, les Turcs ravager son village, piller sa maison, massacrer les siens. Capturée, elle aurait dû être tuée comme ses semblables ; mais on l'avait trouvée trop belle pour mourir, et jointe, dès lors, aux esclaves en partance pour Istanbul. Sauvée, la jeune Haïdé – c'est le nom dont les Turcs l'affublèrent –, sauvée, mais à quel prix ?

Dans l'Empire ottoman, du temps de Louis XIV, son seul destin est de devenir l'esclave d'un dignitaire de la Cour, de s'étioler dans la prison dorée de quelque sérail princier… C'est, du reste, ce qu'il advient d'Haïdé, élevée dans un de ces harems dont l'atmosphère ombreuse et parfumée fait alors rêver les voyageurs occidentaux et leurs lecteurs. C'est là que, fortuitement, va la découvrir un diplomate français, le comte de Ferriol.

Proche collaborateur de M. de Castagnère, ambassadeur du roi de France auprès de la Sublime Porte, Charles de Ferriol porte allègrement sa cinquantaine. Ami du grand vizir Hussein Pacha, il étudie depuis longtemps la civilisation ottomane, allant jusqu'à s'habiller à l'orientale – ses amis de Paris ne l'ont-ils pas surnommé « Ferriol Pacha » ? Un soir, alors qu'il est admis, honneur insigne, au sein du sérail où survit la toute jeune Haïdé – elle n'a guère plus de 6 ans alors –, son regard s'arrête sur le visage radieux de la Circassienne. Sans réfléchir, M. de Ferriol prend sa décision : qu'importe le temps qu'il y faudra, et l'énergie et l'argent sans doute ; il arrachera cette enfant au triste sort qui l'attend. On prétendra par la suite qu'Haïdé a été achetée comme un animal sur un marché aux esclaves ; il n'en est rien. La transaction de gré à gré, pour la forte somme de 1 500 livres, s'est faite à mots couverts, entre personnes de qualité.

C'est ici que, d'oriental, le conte prend un tour bien français : le comte de Ferriol, rappelé à Paris, décide en effet d'y ramener sa nouvelle « acquisition » ! Le 22 juin 1698, il entraîne l'enfant libérée dans une traversée qui doit la ravir, si l'on se fie à son bon naturel – à moins qu'elle ne l'effraie… Parvenus à Marseille le 20 août, Ferriol et sa petite protégée s'amusent de la curiosité des gens du port pour leur cargaison de riches étoffes, de tapis et de faïences d'Orient. Haïdé elle-même est-elle admirée dans son nouveau pays ? L'Histoire ne le dira pas.

Roulant vers le nord – on fait longuement étape à Pont-de-Veyle, dans la Bresse –, c'est à Lyon que l'enfant reçoit l'onction du baptême ; sa marraine est, en personne, Élisabeth de La Ferrière, épouse du sénéchal de Lyon, dont elle reçoit le prénom : Haïdé devient alors Charlotte-Élisabeth ; mais dans l'entourage du diplomate, tout le monde ne l'appelle qu'Aïssé. À Paris, considérée comme la fille adoptive de son libérateur, elle sera confiée par celui-ci à son frère Augustin ou, plus précisément, à sa belle-sœur. Il est vrai qu'avant Noël, le comte de Ferriol aura été nommé ambassadeur, en remplacement de Castagnère, et qu'il repart de Marseille dès le mois d'août 1699… À Istanbul, Son Excellence saura se montrer digne du monarque qu'elle représente ; Ferriol va même mener si grand train, sur les bords du Bosphore, que le sultan finira par en prendre ombrage…

Pendant ce temps, à Paris, la charmante Aïssé grandit et embellit sans cesse ; par référence à son teint hâlé, on l'appelle volontiers la « Jeune Grecque » – ce qui n'est pas péjoratif : elle est bien trop jolie pour qu'on se moque d'elle ! Confiée aux soins de gouvernantes qui s'amusent de sa vivacité, elle partage désormais les jeux du neveu de Ferriol, Antoine, et se fait connaître du beau monde ; la sœur de l'ambassadeur l'entraîne, par exemple, chez l'abbé de Tencin, futur cardinal, dont la propre sœur, un jour, tiendra le salon que l'on sait… En 1702, à 10 ou 11 ans, elle reçoit les leçons particulières d'un précepteur, avant d'entrer, pour parfaire son éducation, au couvent des Nouvelles Catholiques – établissement de second ordre, pour tout dire.

En 1711, c'est une jeune femme irrésistible que retrouve à Paris son libérateur. Au point que « Ferriol Pacha », au seuil de la retraite, en demeure bouche bée : la fillette charmante qu'il avait confiée à sa sœur est devenue la plus piquante des jeunes beautés ! Sa taille admirable, son visage « fait à peindre », son esprit d'une grâce et d'une simplicité dignes des plus grandes dames attirent autour d'elle un essaim de prétendants à la mode. Pour eux, elle est la « Nymphe de Circassie » ou, plus simplement, la « Belle Aïssé ».

Quelques vers anonymes

De la Grèce Aïssé épuisa la beauté.
Elle a de la France emprunté
Les charmes de l'esprit, de l'air et du langage.
Pour le cœur, je n'y comprends rien ;
Dans quel lieu s'est-elle adressée ?
Il n'en est plus comme le sien
Depuis l'Âge d'or ou *L'Astrée*.

Charles de Ferriol a tôt fait de disperser cette jeunesse bourdonnante ; il veut conserver son « bien » pour lui seul. Le diplomate a beau avoir ramené une Arménienne du nom de Fontana, qu'il présente aussi comme sa fille adoptive, c'est à la Circassienne que va sa préférence. Il n'en fait d'ailleurs pas mystère, et se félicite en public d'avoir si bien su « préparer ses vieux jours »... « Le destin, lui écrit-il sur un billet invraisemblable, veut que vous soyez ma maîtresse et ma fille, ne m'étant pas possible de séparer l'amour et l'amitié, et mes désirs ardents d'une tendresse de père... » Il lui dira par ailleurs : « Sans moi, vous auriez été la maîtresse d'un Turc qui vous aurait peut-être partagé sa tendresse avec vingt autres. »

L'époque, il est vrai, vire au grand défouloir. La mort du Grand Roi, en 1715, fait sauter la chape que Mme de Maintenon et les siens faisaient peser depuis des décennies ; le Régent s'amuse et donne l'exemple de la débauche. Dans son sillage, ce ne sont que jeux, rires et plaisirs, et tout l'enivrement d'une jeunesse enfin libre de goûter aux légèretés du nouveau siècle... Alors qu'on « marivaude » et que le champagne coule à flots, d'Argental et Pont-de-Veyle, frères de lait d'Aïssé, l'entraînent à leur suite en cette capitale effervescente. Il se dit même que le Régent en personne s'intéresserait à la demoiselle – en pure perte...

Car le vieux Ferriol surveille avec avidité celle qu'il considère comme sa chose ; il va jusqu'à se féliciter, devant son ami anglais, lord Bolingbroke, de la décence et de la pureté de sa jeune compagne. Comment aurait-il pu prédire qu'au printemps 1719, dans le salon de Mme du Deffand, Mlle Aïssé se trouverait comme aimantée par le bel air d'un jeune chevalier de Malte au visage de prince charmant ? Blaise-Marie d'Aydie fait chavirer le cœur de la « Nymphe de Circassie ». De son côté, c'est comme si la beauté d'Aïssé l'avait magnétisé ; sa réputation d'ancienne fille de harem ajouterait-elle à l'attirance qu'a ressentie le chevalier ? Toujours est-il que, très vite, un amour sincère attire ces jeunes gens l'un vers l'autre – amour attisé peut-être par les interdits qui l'entravent.

La pire barrière, aux yeux d'Aïssé, réside dans le danger que ses origines et que sa réputation, pour injustifiée qu'elle soit, pourraient faire peser sur le chevalier. Que Paris apprenne leur idylle, et c'est l'honneur de ce garçon et de sa famille qui seraient mis à mal. La jeune femme ne veut pas devenir celle par qui le scandale arrive. Cornélien dilemme : ivre à la fois de désir pour cet homme et de peur de le faire déchoir, rêvant d'un mariage qui l'élèverait à la noblesse et redoutant plus que tout de faire tort à la réputation de son bien-aimé, elle s'abandonne aux larmes, aux soupirs, aux malaises… Et tient ferme sur ses positions.

Mais au printemps 1720, alors que le vieux comte et sa sœur sont partis pour la Bresse, Aïssé s'arrange pour rester à Paris – sans chaperon. Alors la tentation se révèle trop forte. Elle cède. Le chevalier d'Aydie triomphe : ce seront des jours et des nuits d'amour, où ces deux corps, ces deux âmes rattraperont le temps perdu… De sorte qu'à l'automne, il se murmure dans Paris, derrière les éventails, que Mlle Aïssé serait « dans une position avantageuse »… L'enfant, née secrètement en avril 1721, sera ondoyée à la paroisse Saint-Eustache sous le nom de « Célinie, née de Blaise Le Blond, officier de marine, et de Charlotte Mérie »… Lady Bolingbroke l'emmènera bien vite outre-Manche, où elle se chargera de son éducation.

Charles de Ferriol étant mort en octobre 1722, on aurait pu penser que les amoureux finiraient par s'unir devant Dieu. Certes, le chevalier ayant prononcé ses vœux dans l'ordre de Malte, une telle union l'aurait sans doute privé de ses bénéfices ; pourtant ce n'est pas lui qui repousse l'échéance. En vérité, c'est elle qui, toute sa vie, va s'opposer au mariage de ses rêves : « J'aime trop sa gloire… », soupire-t-elle, ajoutant : « Je suis obligée de me rappeler cent fois le jour le respect que je lui dois. Rien n'est plus triste que de n'avoir pour faire son devoir que la raison du devoir. » Rien de plus triste en effet…

Quant à Célénie Le Blond, discrète enfant de l'amour, elle rentrera en France en 1731 pour être placée au couvent Notre-Dame de Sens. « Elle est très caressante, note Mlle Aïssé venue voir "son petit museau à la grille" du parloir. La pauvre petite sent déjà, je crois, le besoin de l'être… » Marchant aux côtés de sa mère parmi les jacinthes et les œillets, la jeune fille ignore évidemment tout de la qualité de sa visiteuse ; et pourtant, elle lui aurait murmuré : « Je n'ai ni père ni mère, mais je vous aime autant que si vous étiez ma mère. »

Le père, appelé à l'étranger pour le service du jeune Louis XV, aura fini par mettre de la distance entre sa belle et lui ; mais sans jamais que les sentiments ne s'en ressentent, de part ou d'autre. Du reste, le jour où le chevalier d'Aydie apprend la maladie d'Aïssé – elle souffre de tuberculose – il revient sans hésiter en France. Assez vite pour recueillir le dernier soupir de sa tendre amie, qui meurt, à 40 ans sans doute, le 13 mars 1733.

Lui vivra encore près de trois décennies, jusqu'en 1761, s'occupant de leur fille et de leur petite-fille – le portrait craché d'Aïssé – dont il fera sa légataire universelle. Jusqu'à la fin, il se redira les mots qu'il avait écrits à la femme de sa vie, peu de temps avant qu'elle ne s'éteigne : « Je ne me plains de rien, puisque vous promettez de m'aimer toujours. Soyez tranquille, soyez heureuse, ma chère Aïssé, il ne m'importe des moyens ; ils me paraîtront toujours supportables, pourvu qu'ils ne me chassent pas de votre cœur. Soyez persuadée que je vous aime aussi tendrement qu'il est possible, aussi purement que vous pouvez le désirer. » On dit qu'elle aurait usé ses dernières forces à lire cette lettre et la relire.

Une épistolière chevronnée

C'est par ses lettres que Mlle Aïssé est passée à la postérité. Il en existe plusieurs éditions, dont la plus récente est une coédition Hachette Livres/BnF, en 2012, rééditant un volume de 1846. Les correspondances qu'entretient cette femme raffinée, notamment, avec lady Bolingbroke et avec Mme Calandrini, quoique pétries de remords, se révèlent volontiers vives, charmantes, tour à tour profondes et légères. Elles imposent leur auteur comme une des meilleures épistolières de son temps.

7
UN STRADIVARIUS ENCHANTÉ

Antonio Stradivari, l'impérissable luthier de Crémone, a fabriqué plus d'un millier d'instruments magnifiques. Parmi eux, le célèbre Milanollo, *« joué » par Paganini et Menuhin – un violon plus que parfait, fruit des secrets qui ont fondé la légende Stradivarius.*

Il y a une douzaine d'années, l'auteur de ces lignes a eu la chance de vivre un moment inoubliable : pour célébrer la parution de l'ouvrage qu'il consacrait au *Milanollo* – l'un des trésors issus de la fabrique de Stradivarius –, le regretté Jean Diwo l'avait invité à un dîner intime, ne réunissant que quelques amateurs d'histoire et de beaux objets. À la fin du repas, la tendre mélopée d'un violon se déploya depuis le vestibule et, gagnant en intensité, finit par prendre possession du salon. Survint alors le violoniste Corey Cerovsek, heureux dépositaire du fameux instrument, venu envoûter la petite compagnie des sublimes accents de la sonate *Le Printemps* de Beethoven… Ineffable expérience que cette proximité, que ce quasi-contact avec la sonorité inouïe du grand stradivarius ; de quoi tenter, une énième fois, de percer le secret de ces violons si différents de tant d'autres.

C'est en 1728, dans la cité lombarde de Crémone – avec Brescia, l'une des capitales du violon –, dans l'odorant atelier du grand luthier, alors âgé de 84 ans, qu'avait vu le jour le futur *Milanollo*, du nom d'une enfant prodige, Teresa Milanollo, qui plus tard devait en jouer – « le jouer », comme disent les musiciens ; ne brûlons pas les étapes. Le vieil Antonio Stradivari a choisi, pour confectionner son chef-d'œuvre, les meilleures essences de conifères ; il les a sciées, poncées, assemblées et vernies avec la dernière précision. Et beaucoup d'intuitive habileté. Le parfait résultat de ces gestes parfaits, il l'a baptisé « Coucher de soleil », moins par référence au déclin de sa propre vie qu'en raison de la couleur feu de l'instrument. À la fin, il a collé, sur la table du fond, visible seulement à travers l'ouïe gauche, l'étiquette portant cette formule magique : « *Antonius Stradivarius fecit Cremonae.* »

Maintenant, le violon est prêt à rejoindre son illustre commanditaire : le prince Léopold d'Anhalt-Köthen, dont le maître de chapelle porte un nom lui aussi mythique : Jean-Sébastien Bach. Aussi bien est-ce entre les mains de Bach, appelé par le prince à tester son acquisition, que notre *Coucher de soleil* va faire entendre ses toutes premières notes ! Vagissements sublimes de l'instrument nouveau-né… À Köthen, résidence des princes d'Anhalt, le violon passe à l'occasion des mains de Bach à celles de Vivaldi – ce qui, d'entrée de jeu, le voue en somme à la plus illustre destinée. Certes, il sera un temps relégué aux greniers du château, juste après le décès du prince ; cependant, son successeur ayant eu l'idée d'en faire présent au roi de France, nous retrouvons l'instrument à Versailles, chez Louis XV dont il ensorcellera les grandes fêtes et les petits soupers…

Dans son roman, Jean Diwo le confie pour sa part au plus grand des violonistes de la cour de France, Jean-Marie Leclair, assassiné chez lui de plusieurs coups de couteau, et dont le corps est retrouvé au matin du 23 octobre 1764. En vérité, le stradivarius qui aurait appartenu à Leclair datait de 1721 et s'appelait le *Noir*, et l'on n'a nulle trace d'une disparition brutale, même temporaire, de l'instrument de 1728. Ce qui est certain en revanche, c'est que, sous le règne suivant, le *Coucher de soleil* est confié à un autre virtuose, Viotti, très apprécié de Marie-Antoinette ; c'est lui qui, pendant la Révolution, l'emportera en Angleterre avant de le céder, par manque d'argent, au compositeur Dragonetti.

Violoncelliste, ce dernier n'en collectionne pas moins les violons ; il réunit un remarquable ensemble de merveilles qu'il prête à divers interprètes – au nombre desquels le plus célèbre des virtuoses : Niccolo Paganini, le « violoniste du diable » ! L'incomparable dextérité de Paganini tire de notre stradivarius des trilles, des pizzicati, des staccatos étourdissants, conférant à l'instrument un renouveau de prestige et un surcroît de légende. Il est vrai qu'en ces années 1830, chacun voudrait percer le mystère Stradivarius, faisant de chaque violon sorti de l'atelier de Crémone un instrument pas comme les autres… On s'intéresse notamment à la provenance du bois. Bertrand Dermoncourt précise : « L'épicéa utilisé pour la table du violon a pour origine le Val di Fiemme, en Italie, et l'érable du fond de l'instrument vient, lui, du centre de l'Europe. Quant à la coupe des arbres, elle se faisait à la lune noire de janvier, au moment où toute la sève descend dans les racines, donnant ainsi un matériau très léger. Le bois était ensuite fendu à la main et séchait pendant cinq ans (au moins) pour que l'eau s'évapore et que les résines s'oxydent. Une technique complexe », impuissante à expliquer pour autant la singularité des instruments.

Vernis, l'autre secret

Jean-Philippe Échard a travaillé sur la composition des vernis plus ou moins mythiques mis au point par Stradivari.
« On a dit que Stradivari ajoutait au liant de l'ambre fossile de la propolis, cette gomme rougeâtre que les abeilles recueillent sur certains bourgeons, ou encore de la coquille de crustacés... » Or, il semble bien que Stradivari n'ait jamais utilisé qu'un simple vernis à l'huile, à la façon des peintres et des ébénistes... Pas de sous-couche fortifiée aux extraits de peau, d'os, ou d'esturgeon, comme le voudrait la légende. « Le maître n'était pas non plus allé traire les abeilles de Hongrie orientale, par une nuit de pleine lune. »

C'est à la mort de Dragonetti, en 1846, que notre instrument échoit à une jeune prodige, la très jolie, très brillante Teresa Milanollo dont la petite sœur, Maria, son inséparable partenaire sur scène, « joue » pour sa part l'ancien violon de Teresa, le *Hembert* – un stradivarius plus ancien, de 1703 celui-là... Malheur : la jeune partenaire disparaît dans la foulée, bien trop jeune ! « Parlez-moi d'être une charmante et admirable virtuose de 16 ans, d'avoir fait le tour de l'Europe, donné plus de cinq cents concerts, gagné plus d'un million, rivalisé avec tous les talents masculins de l'époque, écrit alors Hector Berlioz ; de jouer avec le tranchant des sons harmoniques, comme Ernst, sans blesser personne ; de gémir sur la quatrième corde, encore comme Ernst, quand, dans son élégie, il dit adieu à un public dont il est l'idole ; de posséder l'expression profonde et contenue d'Alard ; d'être douée du mécanisme irréprochable et du beau style de Vieuxtemps et de Bériot ! Parlez-moi de cela pour donner maintenant des concerts à Paris ! Mlle Milanollo vient d'en faire l'expérience. » Teresa n'envisagerait plus, désormais, de servir un autre instrument que le beau stradivarius rouge de 1728 ; entre ses mains, le *Coucher de soleil* va devenir le *Milanollo*.

Toutefois, la grande interprète choisit, en 1857, de renoncer à la musique pour épouser un beau polytechnicien, Théodore Parmentier – il n'est autre que l'aide de camp du maréchal Niel… Près d'un demi-siècle durant – jusqu'à la mort de Teresa Milanollo, en 1904 – notre violon fétiche sortira peu de son étui… Vendu par la suite aux enchères – à plusieurs reprises – et voyageant beaucoup, d'Italie jusqu'en Inde, « joué » par des sommités comme Menuhin et Amoyal, il est enfin racheté par le grand soliste Christian Ferras. « Personne, écrit Diwo dans son grand récit, ni Paganini, ni Viotti, n'avait réussi à créer une telle chaleur du son, un tel velouté. Il l'intensifiait par un vibrato à la limite de la résistance musculaire et obtenait des miracles de puissance qui, pourtant, laissaient percer, transparaître, une sorte de fragilité. »

Hélas, devenu dépressif, alcoolique, le maître Ferras, après un ultime et brillant concert donné en 1982 salle Gaveau, va finir par se défenestrer, chutant du dixième étage de son immeuble parisien… Orphelin de nouveau, le *Milanollo* échoit alors à un collectionneur vénitien qui, obsédé – à tort – par l'idée que son stradivarius puisse être rongé par les vers, le fera examiner en vain par les plus grands luthiers, avant de l'échanger contre celui d'un collectionneur suisse, le professeur Pascal Nicod. C'est lui qui, enthousiasmé par l'inspiration d'un jeune interprète, Corey

Cerovsek, le lui confie en 2004. « Il m'est apparu évident, ainsi qu'à ma famille, que l'instrument méritait le talent d'un tel artiste. Je n'avais jamais imaginé me séparer de ce violon symbole, mais je n'ai pas hésité à le lui prêter. »

Entre quelles autres mains le violon couleur feu passera-t-il, dans les décennies futures, et dans les siècles à venir ? Nul ne saurait le dire évidemment, mais une chose est presque sûre : les grands stradivarius attirent vers eux, à chaque génération, les meilleurs interprètes. Aussi le *Milanollo* n'a-t-il pas fini d'enchanter ceux qui, de près, de loin, entendront résonner ses cordes.

Tout au long de son récit, Jean Diwo a fait parler le *Milanollo* – comme un être doué de raison. « Les violons subissent-ils l'outrage des ans, comme les humains qui s'étiolent, s'épuisent, s'affaiblissent en vieillissant ? fait-il se demander à son instrument fétiche. C'est difficile à dire. Suis-je moins bon que le jour où j'ai quitté l'atelier d'Antonio Stradivarius ? À voir l'intérêt croissant qu'on me porte, comme d'ailleurs aux autres violons anciens, je serais tenté de répondre par la négative. »

Quelques stradivarius connus

En près de huit décennies d'une carrière unique, Antonio Stradivari a fabriqué environ 1 100 instruments (pas seulement des violons – également des violes, des altos, des basses et même des harpes), dont environ 500 sont toujours en service. Parmi les plus célèbres violons encore « joués » de nos jours :

- le *Lady Tennant-Lafont* de 1699, propriété de la Stradivari Society of Chicago ;
- le *Hammer* de 1709, acheté en 2006 par la Nippon Music Foundation ;
- le *Baron von der Leyden* de 1709, depuis 2012 aux mains d'un acheteur anonyme ;
- le *Lady Blunt* de 1721 qui, vendu 11 millions d'euros, est le violon le plus cher du monde ;
- le *Kreutzer* de 1727, propriété du grand Maxim Vengerov depuis 1998 ;
- le *Dolphin*, « joué » naguère par Heifetz ;
- le *Messie*, autrefois propriété de Vuillaume ;
- le *Kochanski* confié par le tsar Nicolas II, aux heures sombres de la révolution, au violoniste polonais Kochanski… Échu à Pierre Amoyal, ce dernier devait être dérobé en 1987 dans la voiture du virtuose, avant d'être retrouvé, quatre ans plus tard, à l'issue d'une rocambolesque course-poursuite.

8
Louis XVI
et Marie-Antoinette,
le mariage du siècle

Ultime conclusion du retournement des alliances en Europe, le mariage du dauphin Louis de France – petit-fils de Louis XV – avec l'archiduchesse d'Autriche Marie-Antoinette – fille de l'impératrice Marie-Thérèse – est longtemps resté dans les mémoires comme l'événement le plus brillant de l'année 1770. De là à prétendre qu'il en fut le plus heureux…

Dans la soirée du mercredi 30 mai 1770, la foule des grands jours se presse aux abords de la nouvelle place Louis-XV, bordée par les Tuileries, la Seine, l'entrée des Champs-Élysées et les somptueuses façades nouvellement érigées par Gabriel, de part et d'autre de la rue Royale. C'est là en effet qu'à la nuit tombée, sera tiré le grand feu d'artifice offert par la Ville à l'occasion du mariage du dauphin. Chroniqueur précis de la cour de France, Pierre de Nolhac décrit les mouvements de cette foule, dans le jour qui tombe : « On se portait de préférence aux boulevards des anciens remparts, là où se construisait l'église de Sainte-Madeleine. La foire y attirait beaucoup de monde devant ses baraques et dans ses allées plus illuminées que de coutume. Puis la foule refluait vers la place Louis-XV, où il y avait aussi des orchestres et des fontaines de vin et où étaient dressés les artifices des Ruggieri autour d'un gigantesque temple de l'Hymen. » Ne célèbre-t-on pas le mariage du siècle ?

Au vrai, cette union de Louis, petit-fils du roi de France, et Antonia, fille de l'impératrice, a bien failli ne pas se faire : côté autrichien, Marie-Thérèse, veuve depuis 1765, en tient certes pour son alliance avec la France ; mais son fils, devenu l'empereur Joseph II à la mort de son père, pencherait plus volontiers pour la Prusse... En France, le projet possède une ennemie acharnée en la personne de Marie-Josèphe de Saxe, mère du dauphin, qui aurait préféré pour bru sa propre nièce, Amélie de Saxe ; sa mort, en mars 1767, facilitera les choses... D'ailleurs, dès le mois suivant, le prince de Stahremberg demande au nouvel ambassadeur de France à Vienne, le marquis de Durfort : « Comment trouvez-vous l'archiduchesse Antonia ? – Parfaitement bien. – Monsieur le dauphin aura là une charmante épouse... » Réponse du diplomate français : « Le morceau est friand et sera en bonnes mains, si cela est. » Mais pour que cela soit, encore faudrait-il que le prétendant ne change pas en cours de négociation... Or, en juin 1768, la mort de la reine de France peut faire penser à certains que Louis XV gardera pour lui l'archiduchesse, naguère promise à son petit-fils – en vérité, le roi est trop heureux d'une liberté que Mme Du Barry saura occuper...

L'année 1769 voit donc aboutir la négociation : il est temps pour la petite archiduchesse de perfectionner ses talents de cour et de constituer son trousseau ; les préparatifs de son départ vont s'étaler sur une année entière ! Enfin, le 15 avril 1770, l'ambassadeur Durfort peut faire à Vienne la plus ruineuse entrée de toute l'histoire diplomatique : 48 voitures à six chevaux, dont deux grosses berlines de voyage pour conduire à bon port la charmante Antonia, devenue Marie-Antoinette pour complaire à son pays d'adoption… Le départ est pour elle un arrachement ; mais le voyage, plutôt une promesse de bonheur. L'auteur de ces lignes a naguère eu la chance d'admirer, dans une collection privée, la longue carte-itinéraire, faite de feuilles de papier cousues bout à bout, et confectionnée au cours de leur périple par Marie-Antoinette et ses dames. Émouvant témoignage qui, mieux que n'importe quelle relation de voyage, permet de prendre la mesure de l'enthousiasme de la jeune promise.

Le billet de Marie-Thérèse à Louis XV

Pour accompagner la lettre officielle au roi Louis, que l'impératrice a confiée à sa fille, Marie-Thérèse

> a griffonné ce billet en français, où transparaît la maladroite inquiétude d'une mère : « Monsieur mon frère, c'est ma fille, mais plutôt celle de Votre Majesté, qui vous remettra celle-ci ; en perdant un si cher enfant, toute ma consolation est de le confier au meilleur et le plus tendre des pères [*sic*]. Qu'Elle veille [à] la diriger et lui ordonner ; elle a la meilleure volonté mais à son âge, j'ose La prier d'avoir de l'indulgence pour quelque étourderie ; sa volonté est bonne de vouloir mériter ses bontés par toutes ses actions. Je la Lui recommande encore une fois comme le gage le plus tendre qui existe si heureusement entre nos États et Maisons... »

Retour au 30 mai. Place Louis-XV, à l'approche du feu d'artifice, les deux immenses balcons à colonnade se sont remplis de ce que la Cour et la Ville peuvent aligner de plus brillant. Regards arrogants sur la foule massée en contrebas, remarques piquantes à l'abri des éventails... Confiné sur la place, le peuple de Paris est nombreux. Il espère voir le roi, le dauphin, la nouvelle dauphine... En fait, Louis XV a préféré demeurer chez ses filles à Bellevue, sur les hauteurs de Meudon, avec Mme Du Barry, pour admirer de loin les gerbes de feu ; quant à la jeune mariée, elle n'a prévu de venir à Paris, en compagnie de ses tantes par alliance, que plus tard dans la soirée – histoire de mesurer sa popularité... Car la nouvelle dauphine fait alors l'unanimité : elle sourit volontiers et bat des mains comme une enfant ; tout ce luxe, tous ces amusements si brillants par rapport à ceux de son Autriche natale lui tournent même un peu la tête...

Depuis qu'elle est entrée, par Kehl, sur le sol français, Marie-Antoinette a été prise dans un tourbillon de griserie. Sur la frontière, le prince de Stahremberg, au nom de l'impératrice, l'a confiée au comte de Noailles, envoyé du roi. L'on a fait entrer l'archiduchesse par un petit pavillon de bois édifié sur une des îles du Rhin ; on l'a déshabillée et changée entièrement, comme pour une renaissance ; elle est ressortie de là dauphine de France ! Après l'accueil triomphal de Strasbourg, ce ne seront qu'entrées solennelles et acclamations, sur une route jonchée de fleurs jusqu'à Soisson et Compiègne – Compiègne et sa forêt en lisière de laquelle, le 14 mai, l'attend sa nouvelle famille. La scène du pont de Berne a été mille fois dépeinte : Marie-Antoinette se jetant aux genoux de Louis XV ; celui-ci la relevant, l'embrassant et lui présentant avec effusion son petit-fils un peu gauche, et ses filles...

Un étourdissant, un épuisant programme de festivités a été concocté par l'administration des Menus-Plaisirs : célébrations à Saint-Denis, grand souper au château de La Muette, arrivée le 16 mai à Versailles pour le mariage solennel. « À 1 heure après midi, raconte Charles Kunstler, le dauphin vint prendre Marie-Antoinette pour se rendre à la chapelle. Il semblait mal à l'aise dans son habit en réseau d'or constellé de diamants. Il était plus réservé, plus sérieux, plus gauche encore qu'à Compiègne et qu'à La Muette. » Le soir même, au souper, ce désolant fiancé fait tellement bombance que le roi doit y mettre le holà : « Ne vous chargez pas trop l'estomac pour cette nuit », glisse-t-il à son petit-fils, le rappelant à un devoir conjugal qu'il semble avoir oublié... Consommé ou non, le mariage du dauphin sera prétexte à dix jours de fastueuses réjouissances, avec pour centre de gravité le nouvel Opéra, bâti pour l'occasion. Puis vient le temps d'une manifestation plus populaire, mais aussi bien plus attendue que les autres : la grande fête du peuple de Paris, le 30 mai 1770 – avec feu d'artifice…

L'Opéra de Versailles

Témoin des célébrations du printemps 1770 pour le mariage du dauphin avec l'archiduchesse d'Autriche, l'Opéra royal est une des dernières grandes réalisations de la monarchie au château de Versailles. Louis XIV – dont la fin du règne avait été occupée par l'édification de la chapelle palatine – n'avait pas eu le temps de doter sa demeure d'une salle de spectacle digne de ce nom ; et pendant des décennies, l'on avait dû improviser des théâtres et des opéras un peu partout, dans le château et dans la ville… C'est donc Louis XV qui, en prévision du grand mariage, commande à Jacques Ange Gabriel, en un temps record, la conception d'une vaste salle à l'italienne, avec une cage de scène importante, équipée de toutes les machineries possibles. Mieux : grâce à un ingénieux système de planchers amovibles, le théâtre doit pouvoir, en quelques heures, se transformer en salle de bal… Le Premier architecte et ses équipes relèvent magnifiquement le défi, et fournissent à temps une salle somptueuse, quoique construite en bois – d'où son acoustique remarquable –, et ornée par les plus grands artisans.

Elle peut accueillir, en se serrant bien, toute la Cour. Son utilisation sera néanmoins limitée par le coût de son éclairage à la bougie – pour ne rien dire de la facture faramineuse du chantier... On sait qu'au roi qui lui demandait comment il avait trouvé les festivités du mariage, le contrôleur général des Finances, Terray, répondit : « Impayables, Sire ! »

Sur la place Louis-XV, la foule s'impatiente à présent. Tous les regards sont tournés vers la duchesse de Chartres qui, à 9 heures, allume la première lance à feu. Les fusées s'élèvent dans le ciel sombre, explosent, embrasent la nuit... Cris de joie, couplets chantés... Du côté de la Seine, se dessine en lignes de feu le temple nuptial, avec les chiffres unis du dauphin et de la dauphine. Au roulement des salves d'artillerie, les contours de la place s'illuminent d'infinis cordons de lampions. C'est alors que, depuis le débouché de la rue Royale, commence à se faire entendre une clameur moins joyeuse... À cet endroit, des fossés mal comblés viennent en effet, sous la pression de la foule, d'entraîner des chutes. Des voitures se sont agrégées à la mêlée, dont les cochers énervés forcent le passage en renversant des passants. Nouvelles chutes, encombrement, pression des corps, inévitables rixes... Soudain, tout un pan de la foule s'écroule dans l'affolement. Alors qu'on s'écrase par grappes, des personnes, étouffant, piétinent les corps déjà au sol dans une affreuse bousculade. De sorte que, les lieux évacués, l'on ramassera sur le pavé pas moins de 132 cadavres !

La dauphine, au même moment, approchait innocemment de la place dans un carrosse de la Cour, le long du fleuve ; tout excitée à l'idée d'arriver *incognito* dans le cœur de cette capitale qui l'a fait rêver depuis l'enfance. Hélas pour elle, les premiers Parisiens qu'elle croisera sont en larmes, et porteurs des pires nouvelles. De nouveau, Nolhac : « La jeune femme, venue pour entendre son nom parmi les vivats, emporta dans l'oreille ces grands cris de foule épouvantée, qui mirent en son imagination les affreux spectacles de cette nuit. » Le dauphin et sa jeune épouse auront beau manifester toute la sympathie du monde aux familles des victimes, on ne pourra s'empêcher de lier ce souvenir sanglant à l'image, si tôt écornée, du nouveau couple princier... Funeste présage pour l'union du dauphin de France et de l'archiduchesse d'Autriche. Qui, quatre ans plus tard, seront déjà roi et reine.

9
Louis XVII :
une affaire de cœurs

Élucidées depuis deux décennies aux yeux d'une grande majorité d'experts, les circonstances de la disparition de l'enfant du Temple n'en finissent pas, cependant, de faire poser des questions. Sans avoir lui-même de certitude sur le sujet, Franck Ferrand revient sur les derniers développements de la plus grande énigme de l'histoire de France.

Vingt ans déjà. Vingt ans que le cas de l'enfant mort à la prison du Temple, le 8 juin 1795, est passé de la vitrine des énigmes brûlantes au placard des mystères résolus. C'est en effet le

19 avril 2000, lors d'une conférence de presse organisée au musée d'Histoire de la médecine, dans le quartier parisien de l'Odéon, qu'est tombé le verdict de la science quant au destin de Louis Charles de France, Louis XVII comme l'appelaient ses partisans – pour la jeune république de son temps, il n'était que l'encombrant héritier du ci-devant roi… Ce jour-là, donc, à la demande de mon confrère Philippe Delorme, le professeur Cassiman, de l'université de Louvain, prend la parole et, devant un parterre électrique, sous le crépitement des flashs, annonce que le cœur soumis à son examen génétique, et présenté comme le viscère dérobé par un des praticiens de l'autopsie, est indubitablement celui d'un « parent de la reine Marie-Antoinette ». Toutefois, prend soin d'ajouter le généticien, il revient « aux historiens de démontrer que ce parent [est bien] Louis XVII ».

Pour Philippe Delorme, pure clause de style : l'enquête fouillée qu'il a menée sur ce cœur prouve selon lui, sans l'ombre d'un doute, qu'il s'agit bel et bien de l'organe prélevé, lors de l'autopsie du 10 juin 1795, par le chirurgien Pelletan. Profitant d'une distraction de ses collègues, ce dernier avait glissé le cœur de l'enfant du Temple dans la poche de sa blouse ; le soir même, il l'avait plongé dans un bocal d'alcool, et discrètement réservé dans sa bibliothèque. Bien plus tard, sous la Restauration, Pelletan fit état de son « pieux larcin », dans l'espoir de s'attirer les bonnes grâces de Louis XVIII, restauré en lieu et place de son neveu… Sans succès. De guerre lasse, en mai 1828, le pauvre – et vieux – chirurgien en fut réduit à déposer le viscère à l'archevêché de Paris. Récupérée par Gabriel, son fils naturel, dans les décombres de la grande émeute de février 1831, cette royale relique devait, par la suite, rester dans la famille Pelletan jusqu'en 1895 ; après quoi, un notaire légitimiste la remettrait aux représentants de la branche aînée des Bourbons qui, après l'avoir conservée en Autriche, puis à Rome, en feraient don au mémorial de Saint-Denis. En 1975. C'est là que Philippe Delorme était venu la tirer de son sommeil pour la faire analyser, durant l'hiver 1999-2000 – avant qu'elle ne fût inhumée solennellement à Saint-Denis, quatre ans plus tard.

Ainsi donc, à l'aube d'un nouveau siècle, après plus de deux cents ans d'investigations fébriles et plus de huit cents ouvrages dédiés, l'énigme aura volé en éclats : Louis XVII serait bel et bien mort dans son cachot sordide, ainsi que l'avaient montré, dès le XIXe siècle, de grands auteurs comme Beauchesne ou Chantelauze… Ceux qui ont voulu croire le contraire et clamé la survie n'auraient fait que propager des rumeurs et entretenir un mythe. Dont acte. Pour autant, comment passer sous silence les réserves émises par certains érudits quant à la provenance de l'organe analysé ? Ces chercheurs, certes convaincus *a priori* de la survie du jeune prince, n'en relèvent pas moins la présence simultanée, au XIXe siècle, dans le bureau de l'archevêque de Paris, du cœur prélevé par Pelletan sur Louis Charles et de celui de son frère aîné, Louis Joseph, décédé pendant les états généraux de 1789. Selon eux, il pourrait donc y avoir eu confusion ; et les travaux du professeur Cassiman pourraient avoir porté sur un mauvais échantillon…

En plusieurs occasions, dans le cadre de mes émissions, j'ai cru devoir donner la parole à ces survivantistes irréductibles, souvent traités de haut par les médias. Vingt ans après, force m'est de redire que les arguments qu'ils opposent à Philippe Delorme sont ténus, certes, mais audibles. On leur objecte que le cœur de Louis Joseph avait été embaumé, ce qui ne semble pas être le cas de celui analysé en 2000 ; mais on trouvera toujours des anatomopathologistes pour émettre des doutes sur la consistance d'un tel organe, au bout de deux siècles et plus...

Et puis, pourquoi ne pas l'avouer ? L'on aimerait croire au récit de ceux qui continuent de prêter foi, dur comme fer, à l'idée d'une exfiltration du jeune captif, remplacé dans sa geôle par un adolescent de substitution... Après tout, les fouilles menées dans la fosse du cimetière Sainte-Marguerite, notamment en 1846, 1894 et 1904, ont mis au jour – entre autres restes – les ossements trop grands d'un garçon trop âgé pour avoir été Louis Charles. Pain béni, à l'époque, pour les tenants de la survie... La plupart d'entre eux, ne le dissimulons pas, défendaient du reste les prétentions d'un des candidats à l'identité de Louis XVII.

Il y en a eu tellement, de ces inconnus surgis du néant pour se prétendre fils de Louis XVI et de Marie-Antoinette ! Plus d'une centaine de prétendants auront ainsi crié leur vérité à la face du monde, dans les premières décennies d'un XIXe siècle saumâtre, lorsque les plaies de la Révolution peinaient à cicatriser. Beaucoup d'entre eux tiraient leurs naïfs arguments d'un roman de Regnault-Warin, paru en 1800 : *Le Cimetière de la Madeleine*. Le plus fameux, de son vivant, fut certainement le baron de Richemont ; n'ayant pas eu de descendance, il devait perdre cependant, peu à peu, tous ses partisans. Plus fécond, son grand rival a bénéficié de soutiens de poids ; il s'agit de Karl-Wilhelm Naundorff, venu de Prusse en France, et mort à Delft en 1845. Ses descendants obtiendront le droit de prendre le patronyme de Bourbon, droit confirmé, en 1913, par un jugement de la cour d'appel de Paris. En 1998, le professeur Cassiman – déjà lui – devait comparer l'ADN d'un humérus provenant de la tombe de Naundorff à la signature génétique prélevée sur la reine Anne de Roumanie et son frère, le prince

André de Bourbon-Parme, descendants en ligne féminine de l'impératrice Marie-Thérèse, mère de Marie-Antoinette : ses conclusions excluaient toute forme de parenté. Naundorff, selon lui, n'avait pu en aucune façon être Louis XVII.

Assez récemment, en 2014, pour les besoins de l'émission « L'ombre d'un doute », j'ai rencontré un descendant de Naundorff à la plus jeune génération. Hugues de Bourbon – c'est donc son nom légitime – m'a paru faire preuve d'une humilité et d'une probité que tous ses partisans sont loin de posséder ; il attendait impartialement des historiens un avis clair et définitif sur une affaire essentielle pour lui et sa famille. Or, à l'époque du tournage – et alors que lui-même disait vouloir en finir avec les vieilles querelles –, un célèbre généticien lui faisait encore miroiter les résultats de nouveaux tests ADN, en contradiction avec les conclusions de 1998…

Même si l'on écarte la piste Naundorff, les prétendants solides restent nombreux. Je ne citerai que celui dont le parcours m'a paru le plus convaincant. Invité en 2013 de mon émission radiophonique « Au cœur de l'histoire », Jacques Soppelsa est diplomate de carrière. Au cours d'un séjour professionnel en Argentine, il est entré en contact avec les descendants d'un certain Pierre Benoît qui, sans avoir jamais revendiqué le fait d'être Louis XVII, n'en présentait pas moins quelques traits biographiques assez troublants : visiblement obsédé par les figures de Louis XVI et de Marie-Antoinette, escorté au Havre, lors de son départ de France, par le duc Decazes en personne, introduit en Amérique du Sud dans les meilleurs cercles, très affecté, en 1851, par l'annonce du décès de Madame Royale, il avait été, l'année suivante, assassiné par un certain docteur Lavergne, maître chanteur avéré de cette princesse… L'exilé Pierre Benoît, Français d'origine, pourrait-il avoir été l'enfant du Temple ? C'est en tout cas la conviction de Jacques Soppelsa.

Bien d'autres thèses essaient de se maintenir… Certains – c'était déjà le cas de Léon Creissels dans l'entre-deux-guerres – estiment que Louis XVII a été exfiltré, mais dans un tel état psychique et mental qu'il n'aurait plus fait parler de lui, et serait mort anonyme. D'autres admettent, à l'instar de Philippe Delorme et de la grande majorité des experts, que l'enfant-roi est effectivement mort au Temple ; mais ils le voient disparaître à une date bien antérieure à celle, habituellement retenue, du 8 juin 1795 ! Juliette Pacull m'a fait parvenir, à cet égard, un ouvrage très complet, et qui mériterait d'être dûment publié. Ayant fait le tour de la question, elle y soutient la thèse émise, au milieu du dernier siècle, par Louis Hastier, et qu'avait déjà reprise, en 1995, Georges Bordonove : selon elle, selon eux, c'est au moment du départ du Temple des éducateurs de l'enfant, le couple Simon – donc en janvier 1794 –, que Louis XVII aurait trépassé. Au nombre des arguments avancés, le fait qu'à compter de cette période, la blanchisseuse du Temple n'ait plus reçu aucun linge sale en provenance de Louis Charles – un fait beaucoup cité, par ailleurs, par les tenants de la thèse de la substitution…

Laissons à Juliette Pacull ce qui, sur un tel sujet, ne saurait être le dernier mot : « La thèse officielle étant reconnue et entérinée par la majorité, il est certain que la théorie d'une mort de Louis XVII en janvier 1794 va déplaire ou moins séduire. Il est certain aussi que cette affaire, officiellement close, ne sera jamais rouverte », admet-elle, non sans lucidité. Et d'ajouter, à propos de la dernière sépulture d'un enfant dont les restes auraient été passés à la chaux : « Si la réalité correspondait à la théorie à laquelle j'adhère, combien il serait désolant de voir que le corps de Louis XVII a totalement disparu sous le bitume de la rue Perrée, dans le IIIe arrondissement. »

Une vie courte et tragique

Né le 27 mars 1785, Louis Charles de France est devenu dauphin à la mort prématurée de son frère, le 4 juin 1789. Embarqué dans la tourmente révolutionnaire – aux Tuileries d'abord, puis au Temple, où il partagera la captivité de ses parents, de sa grande sœur et de sa tante –, il devient pour les royalistes, un certain 21 janvier 1793, « Sa Majesté Louis XVII, par la grâce de Dieu roi de France et de Navarre ». C'est dire si le petit garçon empoisonne les débats de la Convention nationale et les délibérations du Comité de salut public : que faire de lui ? On ne peut tout de même pas envoyer un enfant à la guillotine ! On décrète, le 1er juillet 1793, que « le jeune

Louis, fils de Capet, sera séparé de sa mère et placé dans un appartement à part, le mieux défendu de tout le local du Temple ». Ainsi, contre toute humanité, il est arraché aux siens, et plus ou moins bien traité... Devenu la marionnette du savetier Antoine Simon, officier municipal, et de sa femme, qui peut-être jouent double jeu en feignant de « démocratiser l'enfant royal » et d'en faire un bon petit républicain, il est manipulé, poussé au vice et abandonné à l'emprise de l'alcool, au point d'aller témoigner en justice contre sa mère, accusée d'attouchements sur sa personne – une infamie ! Louis Charles n'apprendra pas sur le coup l'exécution de sa mère ; et longtemps, rentrant de sa promenade quotidienne, le jeune détenu continuera de déposer des fleurs devant la porte de la défunte... Au début de 1794, s'ouvre la portion la plus sombre de sa biographie officielle : isolé, au secret dans un galetas de la tour, l'enfant-roi y survit bon an, mal an. On le nourrit à travers le maigre jour d'un guichet, sans le soutenir, ne serait-ce que d'un mot... Solitude, angoisse extrême d'un petit garçon de 9 ans ! Françoise Chandernagor, dans *La Chambre*, décrira sobrement, avec des mots poignants, ce calvaire, à peine amodié par la chute de Robespierre et l'avènement de Barras qui, tout de même, vient lui rendre visite. Un certain Laurent, créole de la Martinique, chargé d'humaniser sa détention, va le faire laver, panser, aérer – trop tard... Au printemps 1795, la santé de ce petit fantôme s'aggrave d'un coup. La tuberculose gagne du terrain dans son corps affaibli ; elle s'empare du péritoine... Et l'emporterait donc, le 8 juin 1795. À l'âge canonique de 10 ans et 2 mois.

10
18-Brumaire : dans les coulisses d'un coup d'État

Le 18 brumaire de l'an VIII (9 novembre 1799), le Directoire vacille. Le bouillant général Bonaparte tente le coup de force contre ce régime décrié, pourri de l'intérieur. Son objectif affiché ? Rétablir la république sur ses bases – à moins qu'il ne s'agisse tout simplement de s'emparer du pouvoir…

D'abord, la journée facile : celle de l'octidi 18 brumaire. Ce matin-là, pour la première fois de l'année, la gelée blanche a, durant la nuit, gagné jusqu'aux jardins de Paris. À son domicile de la rue Chantereine – rebaptisée en son honneur « rue des Victoires » – vers Saint-Lazare, le général Bonaparte s'est levé tôt : rentré d'Égypte depuis moins d'un mois, il fomente avec son frère Lucien un coup de force contre la République des directeurs, qu'il estime dévoyée. En vertu de la Constitution de l'an III, ces derniers sont au nombre de cinq : deux très connus, l'ex-abbé Sieyès, plutôt favorable à Bonaparte, et l'inénarrable Barras, mais aussi le jacobin Gohier, Moulin, qui a commandé l'armée de Vendée, et le conventionnel Roger-Ducos, un Méridional proche de Sieyès.

Le régime incarné par ces cinq hommes est à bout de souffle ; sujet aux plus grands désordres, pour ne pas dire aux abois sur tous les plans – à commencer par celui des finances –, il se trouve sans autorité, sans crédit, et qualifié par le peuple de « margoulis national »... Autant dire que l'édifice chancelle, et que tous les contre-révolutionnaires, à l'intérieur comme à l'extérieur, songent sérieusement à l'abattre ! Précisons que ni les frères Bonaparte, ni Sieyès, bien sûr, n'appartiennent à cette catégorie. C'est ici que la mise au point de Pierre Gaxotte n'est pas inutile : « S'il est une idée dont il faut nous défaire tout de suite, c'est que le 18-Brumaire a été, dans son principe, un attentat réactionnaire. Ce fut tout le contraire. Ce fut le suprême effort des meilleurs républicains, des plus désintéressés et des plus convaincus pour empêcher la France de retourner à la monarchie. »

Tout a vraiment commencé deux semaines plus tôt, dans le secret du bureau de Sieyès, au Luxembourg. Fin politique, ce directeur a fait remarquer au jeune général qu'un article de la Constitution permettait, le cas échéant, à la Chambre haute – le Conseil des Anciens – de transporter l'ensemble du Parlement – le corps législatif – hors de Paris. La stratégie à suivre s'impose dès lors à Bonaparte : 1. envoyer les deux chambres à Saint-Cloud, loin de toute influence populaire ; 2. disloquer en même temps l'exécutif – en s'assurant de la démission de Sieyès et de Roger-Ducos, en achetant celle de Barras, en intimidant ensuite, si nécessaire, Gohier et Moulin son comparse ; 3. le Directoire ainsi démantelé, pousser la Chambre basse – le Conseil des

Cinq-Cents – à organiser un autre pouvoir exécutif, sous la houlette de Bonaparte. Et pourquoi pas un consulat de trois membres ? Dont Sieyès, forcément...

C'est à l'exécution de ce plan que, le matin frisquet du 18 brumaire, rue des Victoires, Napoléon et Lucien Bonaparte s'activent avec concentration. Trois hommes de grande influence – nommons Talleyrand, Fouché, Cambacérès – se sont activés en coulisse à tout faciliter. Dès 5 heures, avant l'aube, des agents sont allés, partout dans Paris, réveiller les sénateurs pour les convoquer aux Tuileries, à une séance extraordinaire du Conseil des Anciens. Ces politiciens rassis, las du Directoire et de ses désordres, ne s'y feront guère prier pour exiler à Saint-Cloud, comme prévu, tous les parlementaires – eux compris ! Ni pour confier à Bonaparte la « sécurité » des deux Chambres...

Un huissier, chargé d'informer de sa mission le nouvel ange gardien, se présente rue des Victoires, qu'il trouve pleine de militaires de tous grades. Paraissant à son balcon, le jeune général, vêtu humblement, va lancer à cette foule armée : « La République est en danger, nous allons la sauver ! » Entouré de ses plus brillants lieutenants à cheval – dont Murat, dont Lannes, dont Berthier –, Bonaparte prend alors le chemin des Tuileries. Son brillant cortège passe sous les fenêtres du financier Ouvrard qui, sentant tourner le vent, met aussitôt à disposition des factieux les moyens de financer un coup d'État.

Aux Tuileries, Bonaparte ayant prêté serment, arrivent peu à peu quatre des cinq directeurs – Barras, lui, n'ayant délégué qu'un factotum. Le distinguant dans l'assistance, Bonaparte traîne ce dernier par le bras devant ses grenadiers, pour l'invectiver d'importance : « Qu'avez-vous fait de cette France que je vous avais laissée si brillante ? Je vous ai laissé la paix, j'ai retrouvé la guerre ! Je vous ai laissé des victoires, j'ai retrouvé des revers ! Je vous ai laissé les millions d'Italie, j'ai retrouvé partout des lois spoliatrices et la misère ! » Le coupable suprême est ainsi désigné à la foule... Barras ne se le fera pas dire deux fois et, empochant l'argent d'Ouvrard, prendra sans tarder le chemin de sa retraite de Grosbois.

Quant à Sieyès et Roger-Ducos, ils annoncent à Gohier et Moulin qu'ils ont déjà remis leur démission. « Et la Constitution ? » hurle Gohier, ivre de rage. « Et nos serments ? Le général Bonaparte, qui d'ailleurs doit dîner avec moi… » Interruption de l'intéressé : « Aujourd'hui, je ne dîne pas. » Les deux récalcitrants sont virilement priés de regagner le Luxembourg, et assignés à résidence. Ainsi s'achèvera, sans coup férir, la facile journée du 18 brumaire, appelée à figurer dans les livres d'histoire avec une majuscule et un trait d'union.

Ensuite, la journée difficile : celle du lendemain, nonidi 19 brumaire. Difficile, et dangereuse ; car, dans l'hypothèse où les choses tourneraient mal, cette fois ce qui attend les conjurés n'est autre que le peloton d'exécution ! Le général Bonaparte, botté, petit chapeau, petit uniforme sur un cheval gris fer à tête blanche, rejoint au château de Saint-Cloud les parlementaires convoqués la veille. À son arrivée, mauvaise surprise : les salles de séance – Grand Salon pour le Conseil des Anciens, orangerie pour le Conseil des Cinq-Cents – ne sont pas prêtes. Sénateurs et députés vont donc battre le pavé dans leurs curieuses toges à la romaine, un uniforme assez ridicule, dessiné par David... Les plus enragés des Jacobins s'en prennent déjà, sans détour, au candidat à la dictature : « Voilà César ! Voyez Cromwell ! » Bonaparte feint de ne pas les entendre... Vers 1 heure de l'après-midi seulement, les sénateurs peuvent regagner leurs bancs ; quant aux députés, ils attendront 3 heures ! Or on est en brumaire – notre novembre – et la nuit viendra vite...

Les Cinq-Cents se montrent évidemment les plus durs à amadouer. Ils sont bien résolus à préserver le régime de toute dérive dictatoriale. C'est ici que le rôle de Lucien doit s'avérer décisif : car le frère de Napoléon – son complice, diraient les moins favorables – est aussi président de cette Chambre basse ! Pour gagner du temps, il attrape au vol une proposition parmi d'autres, et convainc ses pairs de prêter serment à la constitution du Directoire – voilà qui « ne mange pas de pain » et devrait prendre au moins quatre heures.

Pendant ce temps, Napoléon s'adresse aux Anciens, flattant surtout leur vanité. Sauf que ces briscards se révèlent plus coriaces que prévu ; ils exigent du général qu'il précise les accusations portées contre Barras, contre Moulin ; ils le poussent dans ses retranchements, méprisent ses effets de manche, font si bien à la fin qu'il perd pied, se trouble, bredouille… Son fidèle secrétaire, Bourrienne, racontera plus tard sa surprise et sa consternation : « Il n'y avait pas la moindre suite dans tout ce qu'il balbutiait, il faut bien le dire, avec la plus inconcevable incohérence, Bonaparte n'étant point orateur. On peut bien supposer qu'il était plus accoutumé au bruit des batailles qu'à celui des discussions de tribune. »

À la fin, dans un brouhaha de plus en plus hostile, Bonaparte en est réduit à appeler ses grenadiers à la rescousse. « Souvenez-vous, leur lance-t-il, que je marche accompagné du dieu de la Guerre et du dieu de la Fortune. » C'est, mot pour mot, la phrase qu'il avait servie naguère au diwan du Caire – mais avec moins de succès, cette fois ! Bourrienne, de plus en plus inquiet, doit finir par lui glisser à l'oreille : « Venez, général, vous ne savez plus ce que vous dites ! » Sortie piteuse de l'apprenti dictateur, que les députés, de leur côté, ne vont pas tarder à décréter « hors la loi » – comme ils l'avaient fait de Robespierre cinq ans et demi plus tôt...

Il est vrai que devant les Cinq-Cents, la prestation du candidat est plus calamiteuse encore ! Finalement extrait de la mêlée parlementaire, revenu dans la cour, on verra Bonaparte sauter en selle, sans grâce, peinant même à se tenir sur son cheval gris, trop nerveux : « Dans sa fièvre, raconte André Castelot, il égratigne les boutons qui couvrent ses joues. Il saigne, ce qui lui permet d'affirmer que les Cinq-Cents ont voulu l'assassiner. Les soldats semblent prêts à "franchir le Rubicon", mais les grenadiers du corps législatif sont hésitants. Il est plus de 5 heures, le jour baisse, une froide brume de novembre noie le parc, le ciel est de plus en plus couvert, il faut en finir avant la nuit. » D'autant plus qu'un billet, griffonné de la main de Lucien, informe son frère qu'il importe d'interrompre la séance dans les dix minutes, sous peine de voir tout échouer.

Alors les baïonnettes vont accomplir ce que n'avait su faire la persuasion... « Que la force les expulse ! », clame, à présent fiévreux, le général en envoyant ses soldats contre les parlementaires. « Ces brigands ne sont plus les représentants du peuple, mais les représentants du poignard ! » Soit… Mais il faut toute la bienveillance des sicaires à l'égard de leur « héros d'Italie » pour faire basculer la situation. Dans la nuit qui s'installe, les députés s'enfuient, par les fenêtres de l'orangerie, à travers les pelouses de Saint-Cloud, abandonnant dans le brouillard naissant, pour courir plus vite, la défroque de leurs belles toges et de leurs manteaux brodés au goût de David…

Il faudra bien, du reste, récupérer quelques dizaines d'élus pour la parodie de vote entérinant le décret suivant : « Le corps législatif crée provisoirement une commission consulaire exécutive composée des citoyens Sieyès, Roger-Ducos, ex-directeurs, et de Bonaparte, général, qui porteront les noms de consuls de la République. » Le régime change mais, nominalement, la république est donc sauvée. Certains veulent la croire renforcée par le 18-Brumaire… Dans les faits, c'est surtout la Révolution qui s'achève, et le pouvoir sans partage de Napoléon Bonaparte qui vient d'être admis. Quoique d'extrême justesse.

De retour au Luxembourg, Sieyès, connu pour son aisance à produire des mots historiques, aura celui-ci : « Messieurs, nous avons un maître. » Pourtant, le « maître » en question n'a guère brillé, et en a conscience ; dans sa voiture, revenant de Saint-Cloud à la rue des Victoires, il ne desserre pas les dents. Puis, rentré chez lui, après avoir embrassé sa chère Joséphine, il tend son paletot à Bourrienne et lui demande sèchement : « J'ai fait des bêtises ? – Pas mal, général... » Grommellement de Bonaparte : « Ces bougres-là m'ont intimidé. Je n'ai pas l'expérience des assemblées. » Puis, après un silence : « Cela viendra. »

Stendhal : la plume de l'Aigle

Sa *Vie de Napoléon* reste une des meilleures sources pour comprendre l'homme et connaître l'époque, comme en témoigne cet extrait :

« Au moment où le général Bonaparte accourut d'Égypte au secours de la patrie, le directeur Barras, homme excellent pour un coup de main, vendait la France pour 12 millions à la famille exilée. Des lettres

patentes avaient déjà été expédiées pour cet objet. Il y avait deux ans que Barras suivait ce projet. Sieyès l'avait appris pendant son ambassade à Berlin. [...] Napoléon avait trouvé à Paris son frère Lucien ; ils discutèrent ensemble les chances suivantes : il était évident que les Bourbons ou lui allaient monter sur le trône, ou bien il fallait reconstruire la République. Le projet de remettre les Bourbons était ridicule [...]. Refaire la République c'est-à-dire donner une constitution qui pût se soutenir par elle-même, Napoléon ne se sentait pas les moyens de résoudre ce problème. Il trouvait les hommes à employer trop méprisables et trop vendus à leurs intérêts. Enfin, il ne voyait pas de place assurée pour lui-même, et, s'il se trouvait encore un traître pour vendre la France aux Bourbons ou à l'Angleterre, sa mort était la première mesure à prendre. Dans le doute, l'ambition l'emporta, comme il est naturel ; et, du côté de l'honneur, Napoléon se dit : "Je vaux mieux à la France que les Bourbons." [...]
Si jamais des circonstances quelconques pouvaient prescrire les droits éternels qu'a tout homme à la liberté la plus illimitée, le général Bonaparte pouvait dire à chaque Français : "Par moi, tu es encore Français ; par moi, tu n'es pas soumis à un juge prussien, ou à un gouverneur piémontais ; par moi, tu n'es pas esclave de quelque maître irrité et qui a sa peur à venger. Souffre donc que je sois ton empereur."

Telles étaient les principales pensées qui agitaient le général Bonaparte et son frère la veille du 18 brumaire ; le reste était relatif aux moyens d'exécution. »

11
LE DUC DE BERRY
SE MEURT

Le 7 juin 1820, on guillotinait à Paris, en place de Grève, un ouvrier sellier de 36 ans : Louis Pierre Louvel. Quatre mois plus tôt, ce jeune bonapartiste avait assassiné le duc de Berry, neveu du roi Louis XVIII, le seul prince à pouvoir perpétuer les Bourbons de France.

C'est à Versailles, au temps de Louis XVI, que Louis Pierre Louvel a vu le jour. Pourtant, ce jeune homme n'a jamais juré que par Napoléon ; jusqu'à le suivre dans sa chute, à l'île d'Elbe d'abord, à l'île d'Aix ensuite – il serait allé jusqu'à Sainte-Hélène, si l'on avait bien voulu de lui…

Orphelin de son empereur, Louvel a sombré dans un désespoir discret, d'autant plus dangereux. Sitôt Napoléon parti, il s'est acheté, sur le port de La Rochelle, un poinçon effilé – une alène à coudre le cuir – et s'est juré de l'utiliser d'une manière peu professionnelle, pour attenter à la vie d'un prince débonnaire, seul en situation de perpétuer la dynastie royale : Charles-Ferdinand, duc de Berry. Donc le neveu de Louis XVIII ; le fils cadet de Monsieur, comte d'Artois.

Comme Louvel, Charles-Ferdinand était né à Versailles – mais la comparaison s'arrête ici. Car l'existence qu'il a vécue, enfant, aura été celle, fastueuse, d'un prince du sang d'Ancien Régime… Il avait 11 ans seulement lorsque son père, au lendemain du 14 juillet 1789, l'a emmené avec lui en exil. Ayant grandi hors de France, dans le premier cercle des émigrés, il a rejoint les siens à Londres, à 24 ans, pour y mener la douce vie d'un prince sans couronne, du reste porté sur la bagatelle… Trois ou quatre ans plus tard, il est tombé amoureux d'une beauté anglaise, Amy Brown, fille de pasteur, avec laquelle il s'est mis en ménage. Elle lui a donné deux filles, pour égayer des jours tranquilles. « Je jouis de la plus pure de toutes les félicités humaines, devait-il même confier à son ami Clermont-Lodève : aimer et être aimé. »

Hélas pour lui, l'Histoire vient tôt frapper à la porte de son foyer. La chute de Napoléon, dès 1814, ramène en effet sa famille sur le trône restauré des Bourbons ; et le charmant Berry, hier gentleman à l'embonpoint bonhomme, doit aujourd'hui s'installer à Paris – où le suit la malheureuse Amy, confiée aux bons soins d'un ami fiable, le duc de Coigny... Quant au fils de France, il va devoir tenir son rang et – léger détail – doter la dynastie des héritiers qu'attend le royaume. On se pose en aparté la question fatidique : Berry, lors de ses discrètes années londoniennes, a-t-il été jusqu'à épouser Amy Brown ? Personne n'en saura jamais rien ; que cette union ait existé ou non, qu'il ait fallu l'annuler – si le mariage éventuel était catholique – ou simplement l'ignorer – s'il était protestant – une chose, une seule, est certaine : le 17 juin 1816, Charles-Ferdinand, 38 ans, épouse la ravissante Marie-Caroline de Naples, de dix ans moins âgée. Bientôt enceinte, la nouvelle duchesse de Berry commence par décevoir l'opinion par deux naissances délicates – des petites princesses qui meurent au berceau… Une troisième, titrée Mademoiselle, naît en septembre 1819. Mais c'est un prince que tout le monde attend… Or, au mois de février 1820, Marie-Caroline peut annoncer à son époux qu'elle est de nouveau « dans une position avantageuse » – la nouvelle est tenue secrète.

Le carnaval de 1820 est spécialement brillant à Paris – très froid, aussi, la gelée blanche s'emparant presque chaque nuit de la capitale. Le tout récent ministère Decazes fait souffler sur les milieux élégants un air de liberté, pour ne pas dire de licence, qu'on n'avait plus connu depuis le Directoire. Aussi la belle société, toute à ses fêtes et à ses bals d'hiver, court-elle de mascarade en soirée costumée… Le dimanche 13 février, la présence du duc et de la duchesse de Berry est annoncée à l'Opéra – superbe salle qui, à l'époque, occupe, rue de Richelieu, l'emplacement de l'actuel square Louvois. On n'a pas jugé bon de préciser à la princesse que, dans le ballet, doit se produire la belle Virginie Oreille, alors plus que proche de son époux volage…

La grossesse de la duchesse de Berry n'étant connue de personne, on ne saurait de toute façon s'en autoriser pour différer la sortie du couple princier. Tout le monde attend les Berry à cette soirée brillante – tout le monde, à commencer par le sellier Louvel, qui passe sa journée à marcher dans le quartier, éprouvant du doigt, dans sa poche, la pointe acérée de son alène… À 8 heures tapantes, dans la nuit déjà noire et gelée, résonne le roulement de plusieurs berlines. Ce sont de somptueuses voitures de la Cour, dont s'extraient le duc et la duchesse de Berry, avec leurs intimes… Louvel est là, tout près, dans la nuit froide ; mais il ne se manifeste pas.

L'assassin erre dans le quartier ; puis, un peu avant 11 heures, il revient, près des lanternes de l'Opéra, se poster à portée de l'issue officielle. À l'intérieur, un ballet de Milon, *Les Noces de Gamache*, vient de commencer. Au premier rang de la loge royale, Charles-Ferdinand feint de ne pas trop admirer Mlle Oreille… À ses côtés, Marie-Caroline bâille derrière son face-à-main de taffetas bleu. Son mari fronce les sourcils, demande l'heure à un gentilhomme de la loge – « 11 heures, Monseigneur » – puis se penche vers elle : « Allons, Caroline, sois raisonnable ! » La princesse se lève le plus discrètement possible ; le prince, sans revêtir de manteau, et quelques personnes de la suite l'accompagneront jusqu'à sa voiture.

Dehors, le froid est de plus en plus vif. Dès que s'ébranle l'équipage de la duchesse de Berry, le comte de Choiseul regagne le vestibule en se frottant les bras ; il est sur le point de rentrer quand, dans son dos, le duc de Berry, bousculé dans la pénombre par un inconnu, s'exclame : « Voilà un fameux brutal ! – Prenez donc garde ! lance Choiseul, interloqué, à l'indélicat qui se sauve. – Ah, l'interrompt le prince, je suis assassiné. Cet homme m'a tué ! – Monseigneur, vous êtes blessé ? – Je suis mort, vous dis-je. Mort ! Je tiens le poignard… » L'on s'émeut, l'on soutient le blessé, l'on poursuit l'agresseur dans la nuit…

La duchesse de Berry a tout saisi ; elle fait arrêter sa voiture et saute à terre, sans attendre le marchepied. Mme de Béthisy court au-devant d'elle, essaie de la retenir ; Marie-Caroline se dégage et se précipite vers Charles-Ferdinand, à présent affaissé sur une borne : « Viens, soupire-t-il, viens, ma Caroline, que je meure dans tes bras… » Il arrache lui-même l'alène fichée dans son buste ; le sang jaillit, maculant affreusement la belle robe claire de la princesse… « Cette fois, je meurs ! Vite, un prêtre ! » Vient de paraître l'ouvreuse de la loge royale, alertée par les cris et les pleurs : « Madame Roullet, je suis assassiné ! » lui crie le prince, avant de retomber en arrière.

Tandis que des poursuivants ont réussi à se saisir de Louvel, et que des gentilshommes remontent le blessé dans le petit salon de la loge royale – dont une fenêtre donne sur la rue Rameau –, Mme Roullet s'immisce dans celle du ministre de l'Intérieur : « Monsieur le vicomte, le prince est assassiné… – Quoi ? Que dites-vous ? » L'orchestre continue de jouer ; sur la scène, Mlle Oreille, tout à son art, enchaîne les fouettés et les pointes… Dans le bureau de l'administrateur, on interroge Louvel, qui ne fait pas mystère de son fanatisme, et clame la haine qu'il voue aux princes de la maison de France. Pourtant, lorsqu'il entend, venant de la loge, les cris du blessé demandant grâce pour son meurtrier, on verra affleurer quelques larmes à ses yeux. « L'assassin est-il un étranger ? s'enquiert le duc de Berry, entre deux grimaces de douleur. – Non, Monseigneur… – Ah ! gémit le prince, il est bien cruel de mourir de la main d'un Français. Il faudra que j'aie sans doute offensé cet homme sans le savoir ! »

Le docteur Bougon, accouru du parterre, tente de sucer la plaie, pour faciliter l'épanchement ; le prince le repousse : « Que faites-vous là, mon ami ? L'arme était peut-être empoisonnée ! » Mais Louvel a certifié que non. Peu à peu, la nouvelle se répand, non seulement dans le théâtre, mais à l'extérieur ; et l'on commence à voir affluer, rue Rameau, des gens costumés, surpris en pleines fêtes de carnaval… À la porte de la loge vient enfin de se présenter, tout éplorée dans sa tenue de ballet, Virginie Oreille ; on l'entraîne à l'écart, elle hurle et se débat ; le prince serre les mâchoires...

On l'a transféré dans une chambre de fortune, meublée à la diable d'un lit de camp ; on l'a déshabillé, épongé. On trempe ses pieds dans une bassine, on lui applique des ventouses... Les médecins prescrivent d'urgence saignée et lavement. « Pourquoi me torture-t-on ainsi ? Le poignard est allé jusqu'au cœur... » Les praticiens font jeter le sang et les déjections par la fenêtre, au vu des curieux effarés, attroupés en contrebas... Dans un grand fracas d'équipages, la famille royale va finir par se retrouver à l'Opéra : le duc d'Angoulême, frère aîné du blessé, et son épouse, sont conduits jusqu'à son chevet ; les cousins Orléans – dont le futur Louis-Philippe Ier – patientent déjà dans le salon attenant. Mgr Latil, évêque de Chartres, se propose d'entendre l'agonisant en confession. Quant à Monsieur, son père, il finit par se présenter, soutenu par le duc de Maillé, dans la voiture des Polignac. Seul fait encore défaut le roi Louis XVIII, obèse et fatigué, difficile à déplacer.

Dupuytren aussi vient d'arriver. Le grand chirurgien sonde la plaie au doigt, ce qui arrache un nouveau hurlement au mourant. À chacun de ces cris déchirant la nuit répond le murmure consterné de la foule en masques, à présent agglutinée dans le froid, sous les fenêtres où s'agitent des ombres. « Ah, soupire le mourant, ma pauvre Caroline, tu es bien à plaindre ! » Après une nouvelle confession, le duc de Berry rappelle sa femme pour lui avouer qu'avant leur mariage, il a eu deux petites filles avec une dame anglaise… « Qu'on les fasse venir, répond à mi-voix la duchesse de Berry ; j'aurai soin de ces deux petites comme de la mienne. » Mais où est-elle, d'ailleurs, la petite Mademoiselle ? Justement, la gouvernante des Enfants de France vient de l'amener, dans ses langes. Son père fond en larmes en la voyant. Puis, quand se présentent enfin ses deux demi-sœurs, Charlotte et Louise, le prince leur parle en anglais : « *Honor your mother*, dit-il, *and follow always the path of virtue !* » À son épouse : « Je te demande de prendre soin d'elles... » Les deux petites filles embrassent le nourrisson, sous le regard fixe de Marie-Caroline qui lance à son mari : « Vous le voyez, Charles, j'ai maintenant trois enfants. »

Interminable agonie, digne d'un final d'opéra... Il est 5 heures, presque le petit matin, lorsque, enfin, paraît le roi, sur une sorte de chaise à porteurs. Le mourant rassemble ce qui lui reste de forces pour supplier son oncle d'accorder sa grâce à l'assassin. « Tout cela demande réflexion », articule simplement Louis XVIII. Le duc de Berry va rendre l'âme peu après 6 heures. Pour la France entière, et pour l'Europe, la nouvelle fera l'effet d'une bombe. Decazes démissionne aussitôt ; c'en est fini des temps de mansuétude ; une chape de plomb s'abat sur le royaume... La mort tragique du duc de Berry devait connaître deux épilogues : d'abord, le 7 juin, l'exécution publique de Louvel ; puis surtout, le 29 septembre, la naissance posthume d'un petit prince, futur comte de Chambord, dont la venue au monde allait rendre absurde cet assassinat. De sorte que l'on a pu dire que si Louvel avait su la princesse enceinte, il aurait renoncé, sans aucun doute, à son projet criminel… À quoi tient l'Histoire !

L'enfant du miracle

C'est en hommage à la ville de Bordeaux, première ralliée aux Bourbons en 1814, que son grand-oncle, le roi Louis XVIII, donne le titre de duc de Bordeaux à l'enfant posthume du duc de Berry, né aux Tuileries le 29 septembre 1820 – soit un peu plus de sept mois après l'assassinat de son père. Il sera surtout connu des Français sous celui de « comte de Chambord », du nom du célèbre château que devait lui offrir une souscription nationale. Lors de l'abdication de son grand-père, le roi Charles X, en juillet 1830, c'est son oncle, le duc d'Angoulême, qui est censé monter sur le trône ; ce dernier ayant renoncé, le duc de Bordeaux devrait devenir roi ; cela ne se pourra, du fait de l'avènement concurrent de son cousin Orléans, devenu « Louis-Philippe Ier, roi des Français ». Pendant quarante années, le comte de Chambord va vivre en exil, notamment à Frohsdorf, en Autriche, à partir de 1851. Le prince prétendant ne rentre en France qu'à la chute du Second Empire, en 1870. Mais trois ans plus tard, son refus obstiné d'accepter le drapeau tricolore, hérité de la Révolution, comme emblème national aboutit à l'échec de sa restauration. La république est officiellement réinstituée en 1875. Malade des voies digestives, l'ancien « enfant du miracle », comme on l'avait surnommé à sa naissance, va s'éteindre chez lui, à Frohsdorf, le 24 août 1883.

12
Le retour des cendres (1840)

La dépouille de Napoléon Ier était accueillie aux Invalides par le roi Louis-Philippe. Désormais, l'Empereur devait, selon sa volonté, reposer « sur les bords de la Seine, au milieu de ce peuple français [qu'il avait] tant aimé »... Retour sur les circonstances aigres-douces d'une habile récupération politique.

Il neigeait. On était gagné par la tristesse. Pour la première fois, l'Empereur revenait en France, à Paris, acclamé par son peuple. « Il neigeait », comme aurait pu l'écrire Victor Hugo qui, en ce mois de décembre 1840, avait déjà donné ses

Orientales, sa *Notre-Dame* et *Ruy Blas*... La neige recouvrait Paris, assourdissait la foule, blanchissait l'aspect des Invalides qui, pour la circonstance, s'étaient richement parés. Au milieu des flocons, en dépit des bourrasques, on s'apprêtait à remettre en terre, chez lui, Napoléon Ier, décédé plus de dix-neuf années auparavant, sur l'île désolée de Sainte-Hélène, au grand large de l'Afrique australe, dans les fins fonds venteux de l'Atlantique Sud.

Rappelons que le défunt empereur, vaincu à Waterloo, abdicataire, finalement prisonnier des Britanniques, rend l'âme dans son cottage de Longwood le 5 mai 1821. « Ce n'est pas un événement, c'est seulement une nouvelle », dit un peu vite Talleyrand, haussant les épaules... Un peu vite car, dans les années suivant l'annonce de ce décès, la légende impériale prend son essor, jusqu'à gagner une majorité de Français, pourtant fatigués, naguère, de l'épopée napoléonienne... Dans le royaume restauré des Bourbons, une génération nouvelle – Hugo en tête – tresse des lauriers à cet homme sans égal, qui a si bien su conclure la Révolution sans la liquider, puis renouer la chaîne du temps.

En 1840, une grande partie de l'opinion veut se rappeler Napoléon avec nostalgie et fierté. Le régime de Louis-Philippe, issu dix ans plus tôt de la révolution de Juillet, a compris l'intérêt qu'il y a pour lui à s'approprier un peu de la gloire impériale, tout en se conciliant les bonapartistes, omniprésents dans les campagnes notamment. Aussi le roi des Français, assuré de la bienveillance de la jeune reine Victoria, se fait-il fort de réclamer officiellement à l'Angleterre les restes impériaux – les cendres – et de confier à son troisième fils, le prince de Joinville, et au jeune amiral de Rohan-Chabot le soin d'aller chercher la dépouille en cette île du bout du monde. C'est Charles de Rémusat, ministre de l'Intérieur, qui en fait l'annonce aux Chambres, le 12 mai.

La frégate *Belle-Poule* appareille de Toulon le 7 juillet 1840. À son bord ont pris place nombre de fidèles de l'Empereur, à commencer par les plus célèbres compagnons de l'exil : le chancelant grand maréchal Bertrand, devenu commandant de l'École polytechnique ; l'irascible baron Gourgaud, à présent aide de camp de Louis-Philippe ; le fidèle premier valet Marchand, désormais lieutenant dans la garde nationale ; ou encore l'enthousiaste baron de Las Cases, fils du rédacteur du *Mémorial*, nommé depuis conseiller d'État. Tous sont au mieux avec la monarchie de Juillet ; la plupart n'ont d'ailleurs pas jugé bon de donner suite à la souscription ouverte en faveur du retour des cendres en terre française… Ne manque guère à l'appel que le terrible général de Montholon, réfugié à Londres pour dettes, et fort occupé alors à fomenter le putsch de Boulogne-sur-Mer, aux côtés d'un neveu de l'Empereur – lui-même futur empereur… sous le nom de Napoléon III.

Train paisible, jolies escales, fêtes à bord et à terre : l'expédition des cendres manque au recueillement de rigueur, en tout cas lors du voyage aller ; la frégate n'atteint Jamestown qu'après un brick dépêché par le gouvernement français, et parti de Cherbourg trois semaines après elle !

Je me suis longuement étendu, ailleurs[1], sur le comportement pour le moins anormal des autorités britanniques de Sainte-Hélène, lors du séjour de la mission française, du 8 au 18 octobre 1840, et sur la réaction non moins étrange du prince de Joinville et de sa délégation. Ce n'est pas le lieu d'y revenir ; disons simplement que le brusque refroidissement des relations franco-anglaises au sujet de l'épineuse question égyptienne pourrait expliquer la fermeté des hôtes – jusqu'à frôler souvent l'incorrection – aussi bien que l'exaspération des visiteurs.

Au val du Géranium, fort dégradé depuis l'enterrement de 1821, l'exhumation a lieu en catimini, sous la pluie, au petit matin du 15 octobre. En dépit de ces mauvaises conditions, et malgré la brièveté de l'exposition du défunt, certains relèveront des différences notables dans l'ordonnancement de la bière – différences survenues lors des deux décennies d'abandon : disposition du corps, emplacement du chapeau et des vases canopes, nature de l'uniforme, des décorations,

1 *L'Histoire interdite*, Paris, Tallandier, 2008.

des bottes… Elles feront dire aux gens méfiants qu'il y aurait eu substitution – personne, sur le moment, ne se permettra pourtant la moindre mise en doute.

Il neige à Paris, le 15 décembre 1840, lorsque la famille royale, pleine de componction, accueille aux Invalides, dans un décor de toiles peintes et de carton-pâte, l'impressionnant char funèbre. Toute la nuit précédente, le corps de l'Empereur fut veillé, nous dit Octave Aubry, par de « vieilles moustaches d'Espagne, de Russie, de la campagne de France, qui, l'arme au bras, stoïques, gelés », avaient honoré leur grand homme en silence. Le char, immense, tiré par seize chevaux caparaçonnés d'or, croule sous les allégories, les enseignes, les drapeaux de gloire, parmi les tentures semées d'abeilles et les « N » festonnés de lauriers ; à son sommet, une vingtaine de Victoires, cariatides géantes, portaient sur un vaste pavois le cercueil drapé de crêpe.

Ce cercueil, issu d'un long voyage, est arrivé deux semaines plus tôt à Cherbourg. On l'a transbordé sur deux navires fluviaux, tour à tour le *Normandie* et la *Dorade*, pour aller jusqu'au Havre, puis remonter la Seine en majesté, tandis que les garnisons stationnées alentour viennent lui rendre les honneurs. Les populations ne sont pas en reste, qui affluent, bonnet bas, pour saluer en silence les cendres de l'Empereur glissant là-bas vers la capitale… Le 14 décembre, on est à Courbevoie ; les Parisiens accourent. « Les deux rives, dit encore Aubry, se couvrent de gens plus perclus encore d'émotion que de froid. Le vieux Soult, le major général de Waterloo, maintenant président du Conseil, vient se prosterner devant la bière où gît l'homme qui fit sa fortune et que, pour plaire à Louis XVIII, il a traité d'aventurier. »

Il neige et neige encore lorsque tonne le canon, lorsque sonnent les cloches à toute volée, tandis que le char funèbre avance sous un Arc de triomphe flambant neuf, pour descendre les Champs-Élysées et tourner, à main droite, en direction des Invalides, sur l'autre rive de la Seine. La foule applaudit au passage du cortège, crie, chante – puis elle se tait, émue, en découvrant, derrière le char monumental, tout un bataillon de vétérans chenus de la Grande Armée aux uniformes défraîchis et qui donnent le sentiment d'avoir surgi, pour l'occasion, d'un chapitre déjà lointain de l'Histoire… Et toujours il neige.

Victor Hugo ne va sûrement pas laisser sa place. On lui doit, dans *Choses vues*, un récit d'anthologie de cette journée particulière. Dans *La Légende des siècles*, il va consacrer de nombreuses strophes au retour de l'Empereur :

En vous voyant passer, ô chef du grand empire !
Le peuple et les soldats tomberont à genoux ;
Mais vous ne pourrez pas vous pencher pour leur dire
Je suis content de vous !

Quand le cortège entre dans la cour des Invalides, les invités du roi, grelottant sur des estrades à ciel ouvert, se lèvent d'un seul mouvement. On descend le cercueil de son catafalque roulant, mais les vétérans prévus, forcés de reconnaître leur faiblesse, doivent céder la place à des soldats plus jeunes. C'est le prince de Joinville, s'acquittant de sa mission jusqu'au bout, qui présente, sabre au clair, la dépouille impériale à son père. Louis-Philippe le remercie puis, se tournant vers Soult, qui présentait l'épée d'Austerlitz, lui fait signe d'approcher : « Général Bertrand, dit le roi en direction de l'ancien grand maréchal du palais, je vous charge de placer l'épée de l'Empereur sur son cercueil. » Ce dernier s'incline, mais, arguant d'une émotion réelle ou diplomatique, décline l'honneur qu'on lui fait ; c'est Gourgaud qui s'en charge. Les deux heures de service funèbre, cérémonieuses, sous la conduite de l'archevêque de Paris, doivent rappeler à certains, par contraste, l'extrême simplicité de l'office de 1821, à Sainte-Hélène.

Hugo, toujours :

Ciel glacé ! Soleil pur ! Oh ! brille dans l'histoire
Du funèbre triomphe, impérial flambeau !
Que le peuple à jamais te garde en sa mémoire
Jour beau comme la gloire,
Froid comme le tombeau !

On laisse le cercueil exposé trois semaines dans l'église, pour y accueillir l'hommage d'une foule de Parisiens ; puis, le 6 février 1841, on le fait porter dans la chapelle Saint-Jérôme où, deux décennies encore, il attendra l'inauguration, en 1861, du grand tombeau conçu par l'architecte Visconti. Cette fois, Napoléon repose au cœur de Paris – fin de l'immense épopée... À cette cérémonie du 15 décembre s'était fait porter, dans son siège de malade, le vieux maréchal Moncey, gouverneur des Invalides – lui qui avait, dans un autre siècle, combattu pour Louis XV et Louis XVI, avant de suivre Bonaparte en Italie puis de commander la gendarmerie impériale... Quand les solennités s'achèvent, que s'éteignent les cierges et que s'égaille la foule, il dit aux valets chargés de son fauteuil : « À présent, rentrons mourir. » La neige a enfin cessé.

Une souscription internationale a été lancée, au printemps 2019, pour réunir les 800 000 euros nécessaires à la rénovation du tombeau de Napoléon, dans la perspective des célébrations du bicentenaire, en 2021. Le projet du grand architecte Louis Visconti, centré sur une crypte circulaire, ouverte, a été préféré, au printemps 1842, à ceux de ses concurrents, dont Victor Baltard. Initialement, il devait comporter l'installation, sous l'extraordinaire coupole de Jules Hardouin-Mansart, d'une statue de Napoléon qui fut refusée par le régime de Louis-Philippe : il fallait rendre hommage à l'Empereur, sans pour autant magnifier sa mémoire outre mesure… Le chantier, bousculé par la révolution de 1848, ne s'achèvera qu'au milieu du Second Empire. Visconti, mort en 1853, ne verra pas l'installation de son célèbre sarcophage de faux porphyre (quartzite) importé de Kostchoka, en Russie ; ce sont Jules Bouchet, puis Alphonse-Nicolas Crépinet, qui achèveront en effet le chantier.

13
Le sac du palais d'Été

*Au nord-ouest de Pékin se trouve, en 1860, un palais d'une richesse indescriptible. C'est la résidence estivale de l'empereur, Fils du Ciel : le palais d'Été (*Yihéyuan *en pinyin). Cet ensemble unique au monde brûlera pourtant, victime de la soldatesque franco-britannique. Car ce sont bien les troupes alliées de la reine Victoria et de l'empereur Napoléon III qui vont le saccager.*

Tout a commencé en 1839, à propos d'un sordide trafic. À l'époque, les Britanniques commercialisent en Chine de grosses quantités d'opium. Le gouvernement impérial, à juste titre obsédé par ce fléau, décide de faire jeter à la mer 20 000 caisses de cette drogue. Pour l'Angleterre, c'est un motif de guerre. D'autant plus qu'à l'époque, la Chine n'est pas de taille à lutter : elle s'inclinera, d'ailleurs, et signera le traité de Nankin, aux termes duquel cinq ports, dont Shanghai, resteront ouverts aux Britanniques et aux Américains ; par ailleurs, le port de Hong Kong sera cédé à la Grande-Bretagne pour un siècle et demi.

Deux ans plus tard, la France obtient les mêmes avantages, auxquels s'ajoutent des clauses religieuses visant à protéger les missions catholiques. Hélas, en 1856, un missionnaire est malmené par des Chinois ; dans la foulée, une jonque battant pavillon britannique est saisie à Canton, tandis que plusieurs comptoirs anglais sont incendiés. La riposte ne se fait pas attendre : deux escadres européennes bombardent cette ville, puis s'engouffrent dans le fleuve Peï-Ho (*Hai He*) pour le remonter jusqu'à Tianjin – à 130 kilomètres de Pékin.

La cour de Chine prend peur. Un nouveau traité est signé en juin 1858, qui octroie aux Occidentaux de nouvelles prérogatives et leur ouvre encore des ports. Les diplomates envoyés par Londres et Paris sont lord Elgin et le baron Gros. La double ratification devrait n'être pour eux qu'une formalité ; mais quand ils se présentent à l'embouchure du Peï-Ho, c'est pour trouver le fleuve barré. Comment éviter la guerre ?

Août 1860. Deux flottilles, l'une anglaise, l'autre française, débarquent en Chine des corps expéditionnaires. Les Britanniques, sous les ordres de sir Grant, sont 12 000 ; les Français, commandés par le général Cousin-Montauban, 8 000 ; autant dire deux poignées d'hommes, face à des millions de Chinois – mais des hommes surarmés, entraînés à la guerre moderne... Cousin-Montauban les a pris par les sentiments : « Un jour, les harangue-t-il, en rentrant dans la Mère patrie, vous direz avec orgueil à nos concitoyens que vous avez porté le drapeau national dans des contrées où la Rome invincible, au temps de sa grandeur, n'a jamais songé à faire pénétrer ses légions ! »

Forts avant tout de leur artillerie, les Occidentaux se rendent maîtres d'une première position chinoise ; trois autres tombent dans la foulée. Pour le dire vite, Anglais et Français mettent à genoux une armée locale engoncée dans ses vieux codes. À Pékin, la cour impériale est consternée. L'empereur Xianfeng publie un manifeste stigmatisant l'« invasion des barbares » et leur promettant une « terrible punition ». Vraiment ?

Le 22 août 1860, sans prévenir les Français, les Britanniques remontent le Peï-Ho avec un navire amiral et cinq canonnières. En deux jours, cette flottille est à Tianjin – alors même que le vice-roi local s'est rapproché du baron Gros. Des négociations s'amorcent. Le diplomate français déclare qu'il se contentera d'une confirmation du traité de 1859, assortie d'excuses en bonne et due forme. L'envoyé de l'empereur accepte tout ce que l'on veut ; mais, cherchant à gagner du temps, il argue de l'absence du sceau impérial pour atermoyer. À cette époque, les arguties sont chinoises et l'efficacité, européenne – c'est peu dire que les temps changeront…

Le 15 septembre, une ultime entrevue avec des commissaires impériaux est organisée, presque aux portes de la capitale. Mais les alliés, las de patienter, se sont mis en marche. Le 18, c'est l'embuscade : une délégation occidentale est attaquée par des Tartares ; les diplomates sont jetés à bas de leur monture, attachés, emmenés captifs… Riposte immédiate : au pont de Palikao (*Baliqiao*), 5 000 Français imposent leur supériorité. Le colonel d'Hérisson, présent au feu, écrira : « Cette bataille faisait l'effet d'un rêve. On marchait, on tirait, on tuait, et personne n'était touché – ou presque personne. » À 15 heures, les Occidentaux ont perdu moins de dix hommes ; les Tartares en laissent sur le terrain plus de mille.

Un fantastique complexe palatial

Trente-six pavillons somptueux, dans une enceinte de quarante kilomètres enserrant lacs fleuris, ponts couverts et jardins d'eau… À profusion des pagodes, des kiosques, des temples aux décors raffinés jusqu'à l'excès. Ce complexe palatial réunit notamment le palais des Bannières, rouge écarlate et vert d'eau, avec des toits dorés à l'or fin, le palais du Grand-Pont, au bout d'une énorme passerelle de marbre sculpté, le palais de la Méditation, avec ses grands mâts à pavillon de soie jaune – la couleur impériale –, le palais des Femmes, autour d'un canal cruciforme, le palais d'Europe, construit vers 1750 sous l'impulsion de missionnaires jésuites, et qui voudrait ressembler au Trianon français... Sans oublier, au centre, le palais impérial – peut-être le plus admirable de tous, avec sa colonnade de pourpre et d'or, ses brûle-parfums géants de bronze doré, sa bibliothèque de manuscrits rares, rangés là par dizaines de milliers.

À cette date, l'empereur a déjà quitté le palais d'Été pour gagner, avec la Cour, la province du Jehol. Son frère, investi de la régence, tenterait bien de traiter avec les chefs alliés – trop tard. Ces derniers ont planifié, pour le 6 octobre à 4 heures du matin, un raid sur le palais d'Été. Précisons que les Britanniques, fidèles à leurs habitudes, vont griller la politesse aux Français et se mettre en route dès minuit. Leurs chefs, pour tout dire, sont déjà dans l'enceinte aux merveilles...

Les Français, à leur suite, s'extasient : « Il me faudrait maintenant, écrit d'Hérisson, pour dépeindre toutes les splendeurs qui s'offrirent à nos yeux, faire dissoudre dans de l'or liquide un spécimen de toutes les pierres précieuses connues, et y tremper une plume de diamants qui aurait pour barbes les fantaisies d'un poète oriental élevé sur les genoux des fées et habitué à jouer tout enfant dans leurs trésors chimériques. » L'assaillant ajoute, un peu plus loin : « Involontairement, nous parlions bas et commencions à marcher sur la pointe des pieds, en voyant amoncelées avec une telle profusion ces richesses que leurs propriétaires avaient abandonnées dans la fuite avec la tranquillité d'un bon bourgeois qui tire sur lui la porte de sa demeure, et laisse son mobilier en acajou exposé au hasard de la guerre. »

Pour éviter de se laisser déborder, Grant et Cousin-Montauban ont décidé que le butin serait partagé entre les deux armées. De nouveau, le colonel d'Hérisson : « Les Français pillent au hasard, détruisent pour le plaisir, arrachent des pierres qu'ils croient précieuses, brisent des pendules à coups de hache et se précipitent sur les boîtes à musique, les horloges à sujets animés. Chaque troupier avait son oiseau, sa boîte à musique, son singe, sa pendule, son réveil et son lapin. C'était une sonnerie générale ; toutes les heures, dans tous les timbres, tintaient sans discontinuer, accompagnées de loin en loin du craquement triste d'un grand ressort surmené qui se brisait sous des doigts inexpérimentés. Des multitudes de lapins jouaient du tambour, formaient une basse accompagnée des cymbales des singes, aux quatre mille romances et quadrilles, fredonnés ensemble par autant de boîtes à musique et de serinettes que dominaient le *rou-piou-piou* des oiseaux, les roulades des flûtes, le nasillement des clarinettes, le grincement des chanterelles entrecoupé des rentrées de piston et de cornemuse, et aussi les éclats de rire sonores de ces braves gens si faciles à amuser. » La description se suffit à elle-même… « Les étoffes précieuses, précise l'officier, couvraient les cours de plusieurs pieds d'épaisseur. On s'en servait comme de matelas et de toiles d'emballage. »

Or, les Occidentaux ne vont pas s'en tenir à ce pillage. À titre de représailles pour diverses exactions, Grant propose d'incendier le joyau de la cour impériale. Les Français essaient un temps de s'y opposer, Cousin-Montauban refusant toute vengeance organisée. Le baron Gros se fend même d'un plaidoyer : « Cette destruction aurait un caractère de vengeance inutile, puisque malheureusement elle ne pourrait remédier à aucune des cruelles infortunes que nous déplorons », argumente-t-il. Hélas, lord Elgin ne veut rien savoir. Lui se contente de rappeler le sort d'un journaliste occidental torturé à mort, puis jeté en pâture aux cochons. « Que dirait le *Times*, si je ne vengeais pas son correspondant ? »

L'heure de la vengeance a sonné. Les 18 et 19 octobre 1860, on livre donc aux flammes le palais d'Été, de manière ordonnée, méticuleuse. Deux jours et deux nuits ne suffiront pas à réduire en cendres cette merveille dont rien ne sera épargné – pas même la richissime bibliothèque, où vont brûler les plus précieux manuscrits de l'Antiquité chinoise : plus de 10 000 ouvrages, dont certains comptaient 5 000 volumes – un autodafé pire, sans doute, que celui de la bibliothèque d'Alexandrie…

Dans la foulée, le prince régent capitule. Il traite sans condition, et accepte de verser à la France et à l'Angleterre de très lourds dommages de guerre. Mais pour l'Occident, c'en est fini du respect des Chinois. Quand elle quitte Pékin, début novembre, l'alliance franco-britannique fait figure de monstre. Un monstre accueilli triomphalement à Londres et à Paris. Lord Elgin sera bientôt nommé vice-roi des Indes ; le général Cousin-Montauban, fait comte de Palikao… Seule, la voix discordante de Victor Hugo, depuis l'exil, osera dire la vérité : « Un jour, deux bandits sont entrés dans le palais d'Été. L'un a pillé, l'autre a incendié. La victoire peut être une voleuse, à ce qu'il paraît. Devant l'histoire, l'un des deux bandits s'appellera la France, l'autre s'appellera l'Angleterre. »

Les regrets de Victor Hugo

« Il y avait, dans un coin du monde, une merveille du monde ; cette merveille s'appelait le palais d'Été. Imaginez on ne sait quelle construction inexprimable, quelque chose comme un édifice lunaire, et vous aurez le palais d'Été. Bâtissez un songe avec du marbre, du jade, du bronze, de la porcelaine, charpentez-le en bois de cèdre, couvrez-le de pierreries, drapez-le de soie, faites-le ici sanctuaire, là harem, là citadelle, mettez-y des dieux, mettez-y des monstres, vernissez-le, émaillez-le, dorez-le, fardez-le, faites construire par des architectes qui soient des poètes les mille et un rêves des mille et une nuits, ajoutez des jardins, des bassins, des jaillissements d'eau et d'écume, des cygnes, des ibis, des paons, supposez en un mot une sorte d'éblouissante caverne de la fantaisie humaine ayant une figure de temple et de palais, c'était là ce monument. Il avait fallu, pour le créer, le lent travail de deux générations. Cet édifice, qui avait l'énormité d'une ville, avait été bâti par les siècles, pour qui ? pour les peuples. Car ce que fait le temps appartient à l'homme. Les artistes, les poètes, les philosophes, connaissaient le palais d'Été ; Voltaire en parle. On disait : le Parthénon en Grèce, les Pyramides en Égypte, le Colisée à Rome, Notre-Dame à Paris, le palais d'Été en Orient. Si on ne le voyait pas, on le rêvait. C'était une sorte d'effrayant chef-d'œuvre inconnu entrevu au loin dans on ne sait quel crépuscule, comme une silhouette de la civilisation d'Asie sur l'horizon de la civilisation d'Europe. »

14
La IIIe République revoit sa copie

Sous l'impulsion de Jules Ferry, l'enseignement primaire devient gratuit (juin 1881), laïc et obligatoire (mars 1882). Une mue de l'instruction publique est en marche, qui doit servir à l'éducation du peuple et contribuer à la grandeur de la France.

« À mesure que je vieillis, écrivait Anatole France, je m'intéresse de plus en plus à la rentrée des classes. » Il faut dire que cette nostalgie de l'école primaire était plus forte, sans doute, de son temps que du nôtre ; l'école, alors, était une sorte de temple… Dans *Le Livre de mon ami* (1885), l'écrivain revoit, comme de l'extérieur, l'enfant qu'il était, trottant dans l'air frais du matin par les allées du Luxembourg, « ses livres sur son dos et sa toupie dans sa poche ». Et foulant d'un pas sautillant les premières feuilles mortes de la saison… « Il traversait, avant 8 heures, ce beau jardin pour aller en classe. Il avait le cœur un peu serré : c'était la rentrée. »

L'école qu'avait fréquentée, enfant, Anatole France était encore celle du Second Empire, avant que n'interviennent les lois de Jules Ferry. N'oublions jamais, en effet, que la « petite école » existait depuis fort longtemps, bien avant la IIIe République, avant même la loi Guizot de 1833 pour les garçons, la loi Duruy de 1867 pour les filles… Lorsque Anatole était petit, elle n'était pas encore devenue tout à fait celle que nous avons à l'esprit, avec son préau et ses tilleuls, ses rangées de patères et ses petits pupitres alignés, percés de trous pour les encriers. C'est un peu plus tard que se fixera le modèle impérissable de la salle de classe aux relents mêlés d'encre violette et de poussière de craie, avec son poêle à bois où réchauffe l'en-cas de midi, et ses morales inscrites au tableau, d'une belle écriture ronde, avec pleins et déliés.

Fondamentale, la « morale du jour », aux yeux de Jules Ferry qui s'est mis en tête de former, à très grande échelle, des travailleurs honnêtes et fiables, doublés de citoyens responsables ! En avril 1870, alors que la guerre contre la Prusse n'a pas encore tout changé – Ferry devait devenir maire de la capitale assiégée –, il proclame déjà, lors d'une réunion publique à la salle Molière : « Je me suis fait un serment. Entre toutes les nécessités du temps, entre tous les problèmes, j'en choisirai un, auquel je consacrerai tout ce que j'ai d'intelligence, tout ce que j'ai d'âme, de cœur, de puissance physique et morale ; c'est le problème de l'éducation du peuple. » Ferry, ce grand bourgeois au visage austère orné de favoris, cet homme politique de gauche, certes, mais plus proche des conservateurs que des socialistes de son époque, aura voué sa carrière, pour l'essentiel, à la construction d'une école républicaine, digne d'un grand pays en expansion.

Dès 1879, la république à peine installée, sont créées les écoles normales départementales, en charge de la formation d'une véritable armée d'instituteurs ; il s'agit d'emblée d'arracher aux ecclésiastiques le monopole de fait qu'ils exerçaient depuis tant de siècles sur la chose éducative. Puis, Jules Ferry fait voter la loi fondatrice du 16 juin 1881 – proclamant la gratuité de l'enseignement – et celle du 28 mars 1882 – instituant cette fois l'obligation scolaire et la laïcité de l'école républicaine. Cette « obligation » rend nécessaire la construction effrénée d'établissements : « Alors la Muse de l'Histoire / Vit surgir d'un coup par milliers, / Tout blancs, sur le vieux territoire / Des palais pour les écoliers » (Jean Sicard).

Extrait de *Au lycée Papillon*, de Georgius

Élève Labélure ?... Présent !
Vous êtes premier en histoir' de France ?
Eh bien, parlez-moi d'Vercingétorix
Quelle fut sa vie ? Sa mort ? Sa naissance ?
Répondez-moi bien... et vous aurez dix.

> *Monsieur l'Inspecteur,*
> *Je sais tout ça par cœur.*
> *Vercingétorix, né sous Louis-Philippe,*
> *Battit les Chinois un soir à Ronc'vaux.*
> *C'est lui qui lança la mode des slips*
> *Et mourut pour ça sur un échafaud.*
> *Le sujet est neuf,*
> *Bravo, vous aurez neuf !*
>
> Refrain
> *On n'est pas des imbéciles*
> *On a mêm' de l'instruction*
> *Au lycée Papa*
> *Au lycée Papi*
> *Au lycée Papillon*

Nulle part l'état d'esprit de Jules Ferry ne transparaît mieux que dans son admirable *Lettre aux instituteurs et institutrices* de janvier 1888 : « Les enfants qui vous sont confiés n'auront pas seulement à écrire, à déchiffrer une lettre, à lire une enseigne au coin d'une rue, à faire une addition et une multiplication. Ils sont Français et ils doivent connaître la France, sa géographie et son histoire : son corps et son âme. Ils seront citoyens et ils doivent savoir ce qu'est une démocratie libre, quels droits leur confère, quels devoirs leur impose la souveraineté de la nation. Enfin ils seront des hommes, et il faut qu'ils aient une idée de l'homme, il faut qu'ils sachent quelle est la racine de nos misères : l'égoïsme aux formes multiples ; quel est le principe de notre grandeur : la fermeté unie à la tendresse. »

En ces quelques lignes – et dans d'autres – transparaît la haute mission morale qu'assigne Ferry à l'enseignant : rien de moins que rendre le monde meilleur. Il n'est pas certain, treize décennies plus tard, qu'on ne gagnerait pas à la faire circuler de nouveau, telle quelle…

L'expansion du certificat d'études

En 1881, le nombre de diplômés est de 91 000, soit environ 15 % de l'ensemble de la classe d'âge ; une décennie plus tard, en 1892, ce nombre grimpe à 175 000. C'est *grosso modo* le même chiffre que dans les années 1920 ; on franchira le seuil des 300 000 dans les années 1930 – soit environ la moitié de la classe d'âge –, pour atteindre le nombre record de 473 000 en 1962. La masse des jeunes Français titulaires est impressionnante à l'échelle d'une génération ; ainsi, par exemple, de 1880 à 1907, sur 6 millions de candidats, on aura distribué le sacro-saint diplôme à pas moins de 4,7 millions d'heureux élus.

Une grosse génération après Anatole France, Georges Duhamel, dans sa *Chronique des Pasquier*, raconte, lui aussi, un jour de rentrée parisienne – cette fois au milieu des années 1890. « La cour fourmillait d'enfants dont les cris me terrifièrent, ignorant que j'étais de l'école et de ses coutumes », raconte le narrateur, accompagné dans son exploration scolaire par un cancre de forte stature, candidat au bonnet d'âne et dénommé Désiré. « Un gringalet grimaçant s'approcha de moi, saisit mon béret et prit la fuite. J'étais perdu. Désiré, sans bouger, fit alors entendre une voix énorme et brutale. Il criait comme pour appeler un chien : "Ici, Gabourin, ici !" Le gringalet revenait, l'air soumis, presque rampant. Il tendit le béret en prenant maintes précautions pour ne pas recevoir une torgniole. Désiré grondait : "Va-t'en !" [...] Puis il nous entraîna vers un gros homme à barbiche blanche et fit le salut militaire, avant de nous présenter : “Monsieur le Directeur, voilà les petits Pasquier.” Là-dessus, le directeur introduisit un sifflet d’étain entre les poils de sa barbe et, gonflant ses joues, siffla. »

La barbe du directeur, amusante à la ville, peut aux champs devenir franchement comique. À la campagne, en effet, l’école communale – la « Communale », selon l’appellation tôt consacrée – se pare d’un pittoresque plus fort, auquel contribue la faune parfois peu reluisante des petits écoliers en pèlerine et galoches… C’est chez Louis Pergaud, par exemple, qu’il faut chercher des descriptions de cette école républicaine haute en couleur – celle de *La Guerre des boutons*. Pergaud, lui-même ancien instituteur et fils d’instituteur, situe l’action de son livre, par le sous-titre, en 1894 : autant dire à l’apogée de l’école « gratuite, laïque et obligatoire » voulue par Jules Ferry deux décennies plus tôt.

En ce temps-là, le maître d’école est, avec le curé – avec aussi, parfois, le notaire et le pharmacien – l’une des notabilités du village. Où l’on se souvient des phrases légendaires de Charles

Péguy : « Nos jeunes maîtres étaient beaux comme des hussards noirs. Sveltes ; sévères ; sanglés. Sérieux, et un peu tremblants de leur précoce, de leur soudaine omnipotence. Un long pantalon noir, mais, je pense, avec un liseré violet. Le violet n'est pas seulement la couleur des évêques, il est aussi la couleur de l'enseignement primaire. Un gilet noir. Une longue redingote noire, bien droite, bien tombante, mais deux croisements de palmes violettes aux revers. Une casquette plate, noire, mais un croisement de palmes violettes au-dessus du front. Cet uniforme civil était une sorte d'uniforme militaire encore plus sévère, encore plus militaire, étant un uniforme civique. »

Et Péguy d'ajouter quelques paragraphes plus bas, relativisant la dimension laïque de l'enseignement dispensé aux enfants de cette fin de siècle : « Nous prenions au sérieux tout ce que l'on nous disait, et ce que nous disaient nos maîtres laïques, et ce que nous disaient nos maîtres catholiques. Nous prenions tout au pied de la lettre. Nous apprenions la grammaire et également et pareillement nous apprenions le catéchisme. Nous savions la grammaire et également et pareillement nous savions le catéchisme. Nous n'avons oublié ni l'un, ni l'autre. » En 1913, lorsque l'auteur de *L'Argent* – titre repris de Vallès et de Zola – publia ces lignes, cela faisait déjà vingt ans qu'était mort Jules Ferry – peut-être était-ce mieux ainsi...

Une ombre au tableau

Philippe Guilhaume, auteur d'une biographie de Ferry (1980), relativise son action :
« Pour très importante qu'elle soit, l'œuvre scolaire de Ferry n'est pas aussi importante qu'on l'a longtemps pensé. Comme l'a très bien démontré une étude de François Furet : "Lorsque Jules Ferry instaure, un siècle après la Révolution, l'école républicaine, laïque, gratuite et obligatoire dont les jacobins avaient rêvé, l'alphabétisation des Français est quasiment acquise." C'est que pendant les deux ou trois siècles qui l'ont précédé, et dont, sans le savoir, sans le vouloir, il hérite indistinctement, les communautés d'habitants ont fondé, gouverné, financé leurs écoles.
Plus discutable encore apparaît l'obstination mise par Ferry à disperser toutes les congrégations non

autorisées. C'est un peu son acharnement qui est responsable de la place excessive prise par la lutte anticléricale pendant les toutes premières années du régime, contribuant à occulter un grand nombre d'autres questions, au moins aussi déterminantes pour la vie des Français... »

15
VERSAILLES, LA PAIX ILLUSOIRE

Cent ans après, le célèbre traité de Versailles, gros de toutes les tares qui, directement et indirectement, devaient mener de la Première Guerre mondiale à la Seconde, fait figure d'occasion manquée. Il fut perçu bien autrement, sur le moment ; les vainqueurs trouvèrent même dans sa signature un baume à toutes leurs plaies. Retour, comme si nous y étions, sur les circonstances glorieuses d'une signature qui, en vérité, le fut bien peu.

Le 28 juin 1919 est une de ces journées rares dont on sait, à l'avance, qu'elles entreront dans l'Histoire. À Versailles, dans la grande galerie conçue pour Louis XIV – et mondialement connue sous le nom de « galerie des Glaces » –, des plénipotentiaires accourus du monde entier doivent en effet signer, sur le coup de 15 heures, le traité mettant fin au plus effroyable conflit jamais encore vécu par l'humanité, cette Grande Guerre commencée à l'été 1914, interrompue à l'automne 1918. Près de dix millions de morts militaires, près de neuf millions de morts civils, pour ne rien dire des innombrables blessés, au physique autant qu'au moral, témoignent muettement de l'ampleur du cataclysme.

Après plusieurs journées pluvieuses, bien tristes, un soleil radieux s'est providentiellement imposé ce samedi, offrant un éclat inespéré aux célébrations de la paix. Le célèbre château connaît donc l'agitation des grands jours… Dès midi, toute une foule officielle a investi ses escaliers, parcouru ses antichambres jusqu'à l'enfilade du Grand Appartement et à la galerie elle-même, aménagée pour la circonstance : sur les parquets cirés, lustrés, ont été cousus bord à bord vingt-quatre immenses tapis de la Savonnerie ; au centre ont été disposés une grande table en fer à cheval et d'autres, un peu en retrait, pour les délégations de second ordre ; deux cents chaises d'orchestre dorées ont été alignées au cordeau. Face à la rangée centrale, on a placé un bureau plat d'époque Louis XV, attribué à Cressent, issu des collections mobilières du château. Sur son cuir immaculé : le somptueux volume du traité, encore vierge de tout paraphe.

Mais au fait, se demandera-t-on, pourquoi Versailles ? À la vérité, le choix du lieu pour cette signature tellement attendue n'a pas vraiment suscité d'hésitations. Dès la conflagration de 1914, l'abbé Wetterlé – un homme politique alsacien rallié à la France au début du conflit – avait désigné le château des rois pour y signer la paix quand viendrait l'heure – manière d'effacer une humiliation historique : la proclamation, en janvier 1871, de l'Empire allemand dans la galerie des Glaces… Quant à la date, elle marque le cinquième anniversaire de l'attentat de Sarajevo ! Rien n'a été laissé au hasard.

Ce samedi après-midi, au pied de l'escalier de Marbre – ou escalier de la Reine –, bien campé dans une des trois baies ouvrant sur la cour royale, un homme dissimule sa nervosité. À 59 ans, Pierre de Nolhac est un haut fonctionnaire de noble allure ; il est habitué à la fréquentation des grands de ce monde, et pour cause : depuis plus d'un quart de siècle, il occupe les fonctions fort protocolaires de conservateur en chef du musée de Versailles. Naturellement, c'est à ses soins experts que le gouvernement a confié l'accueil des personnalités invitées. À présent, il est 14 heures précises ; et comme annoncé, l'automobile de Georges Clemenceau vient se ranger devant les ouvertures élégamment cintrées. Le président du Conseil apparaît tout de suite, rayonnant et comme rajeuni, même si la solennité de l'heure lui confère une certaine raideur dans le maintien. Salutations, mots d'usage, indications courtoises…

Là-haut, les journalistes accrédités s'en donnent à cœur joie, posant au « Père la Victoire » des questions complaisantes. Ils vont pouvoir bientôt courir du président des États-Unis, Woodrow Wilson, au Premier ministre britannique, David Lloyd George, et au président du Conseil italien, Vittorio Emanuele Orlando, et s'efforcer d'identifier également les délégués du Canada, de l'Australie, de l'Afrique du Sud, de la Nouvelle-Zélande, de l'Inde, du Japon, de la Grèce, de la Pologne, de la Yougoslavie, de la Tchécoslovaquie, de la Roumanie, du Portugal, de l'Argentine, de l'Uruguay… Un babillement joyeux – celui des assemblées qu'électrise la perspective d'un moment d'importance – résonne sous l'admirable voûte peinte de la galerie, ensoleillée à souhait, et où les plus réservés, silencieux, les yeux au ciel, admirent les belles toiles marouflées de Le Brun.

Les seuls émissaires qui, pour le moment, manquent à l'appel, sont évidemment les plénipotentiaires de l'Allemagne vaincue, hébergés dans deux fameux établissements de la ville : l'hôtel Vatel et celui des Réservoirs. Pour les accueillir, M. de Nolhac vient de quitter le côté « cours » pour le côté « jardins » ; il est entré dans le cabinet d'angle, dit « de Madame Victoire », marquant la pointe nord-ouest du corps central et prenant jour sur le parterre d'eau. Laissons-lui la parole : « Bientôt, à l'une des portes-fenêtres de la pièce, parurent les délégués allemands, amenés à travers le parc désert ; et nous eûmes à les conduire le long de ces jolies pièces où revivaient depuis peu les portraits de notre histoire. Ils purent s'arrêter parmi les Nattier auxquels ils feignirent de prêter quelque attention. »

Habituellement, l'exquise urbanité du bon Nolhac fait merveille pour détendre les atmosphères les plus tendues ; mais à l'impossible, nul n'est tenu. Tout a été prévu, depuis des jours, pour que l'entrée des plénipotentiaires vaincus soit humiliante, à la mesure de l'énorme rancœur éprouvée par les peuples alliés… Le conservateur en chef ne l'ignore pas ; mais devant la dureté du protocole adopté, lui-même ne peut s'empêcher de retenir son souffle. Écoutons-le encore : « Au signal venu, je pris la tête du petit cortège et l'acheminai, par des salons qu'on dut trouver interminables, à l'escalier de Marbre où les gardes républicains faisaient la haie sur les marches. Sabre au clair, ils venaient de rendre les honneurs aux délégués des nations amies. Je n'oublierai jamais l'ordre donné à notre approche et répété de salle en salle à mesure que nous avancions, et le bruit que fait l'acier en rentrant au fourreau. C'était, pour quelques instants encore, l'ennemi qui passait et le vaincu, et je voyais dans les yeux d'Hermann Müller se former des larmes qu'il ne pouvait dissimuler. Dès que nous parûmes sous l'arcade du salon de la Paix, le bruit d'immense volière s'arrêta instantanément ; l'Allemagne fut conduite aux places qui lui étaient réservées et la cérémonie commença. »

Ce n'est pas ici l'objet de commenter dans le détail les 440 articles, sur 412 pages, d'un des plus célèbres traités de l'Histoire, un des plus calamiteux aussi quant à ses conséquences ultimes… Rappelons seulement que, depuis le 18 janvier 1919 – jour anniversaire de la proclamation de l'Empire allemand – s'est ouverte à Paris, entre vainqueurs du conflit, une conférence de la Paix dont les différents conseils ont refaçonné le monde. Un peu à la manière du congrès de Vienne, un siècle plus tôt…

Le 7 mai – jour anniversaire du torpillage par les Allemands du paquebot britannique *Lusitania* – au grand hôtel Trianon Palace, en bordure de l'ancien parc royal, le chef du gouvernement français avait remis aux plénipotentiaires allemands un projet de traité sans concessions : « Messieurs, vous nous avez demandé la paix. Nous sommes à votre disposition pour vous l'accorder. Ce volume vous dira quelles conditions nous avons déterminées. » Il avait conclu son court laïus par ces mots tranchants : « Il n'y aura pas de discussion verbale. Les observations doivent être présentées par écrit. Ces observations devront, dans un délai de quinze jours, nous être remises en anglais et en français. » Patrick de Gmeline, auteur aux Presses de la Cité d'un remarquable ouvrage, *Versailles 1919, chronique d'une fausse paix*, ajoute cette précision : « Un journaliste allemand, repris par l'historien Nowak, prétend que Clemenceau a ajouté de lui-même, après une brève hésitation : "Vous nous avez imposé la guerre ! Nous prendrons soin qu'une deuxième agression semblable ne puisse plus se produire !" Cette phrase n'est reprise par aucun journaliste et ne figure ni dans le texte officiel, ni dans les comptes rendus des délégations anglaise et américaine. Quant à la censure, qui l'aurait… censurée pour éviter tout commentaire dévastateur, elle reste muette. Le problème reste posé. »

Des contre-propositions, formulées le 29 mai, n'aboutirent qu'à d'infimes amodiations ; après quoi, les Allemands ayant reçu des Alliés un véritable ultimatum, ils durent accepter, le 16 juin, un texte définitif – celui qui serait signé, ce 28 juin, par toutes les délégations. L'Allemagne perd 68 000 km^2 de son territoire, dont l'Alsace et la Lorraine ; la Prusse-Orientale est démantelée ; l'armée réduite à 100 000 hommes. Enfin, elle devra verser 20 milliards de marks-or au titre des réparations. À 15 h 45 – on dit alors « quatre heures moins le quart » –, tous les signataires ayant apposé leur sceau au bas du document solennel, Clemenceau peut déclarer d'un ton qu'il voudrait magnanime : « Messieurs, les conditions de paix entre les Alliés, associés, et l'Allemagne sont signées. La séance est levée. MM. les plénipotentiaires alliés sont priés de rester. » Ce qui signifie que, dans la paix comme dans la guerre, les cinq émissaires allemands ne sont toujours pas les bienvenus. Ils se retirent donc, le plus dignement possible, au son des salves d'artillerie… Dehors, des avions apparaissent au sud, du côté de la pièce d'eau des Suisses, et viennent survoler le domaine national en signe d'hommage.

L'on a ouvert en grand les grilles du parc où jouent à présent toutes les fontaines – les célèbres Grandes Eaux de Versailles –, libérant une foule immense, surexcitée. Bientôt, dans une bousculade informelle et de bon aloi, paraissent sur la grande terrasse Clemenceau, Wilson, Orlando et Lloyd George. Clameur sans précédent… « Ces hommes d'État qui se mêlaient à la foule apportaient la preuve vivante que le temps des souffrances et de la mort était bien terminé. Les canotiers, les melons et les cannes s'agitaient joyeusement au-dessus des têtes, notera le chroniqueur Jean Pastreau. Ah ! on allait connaître maintenant de folles années, rattraper les jours perdus, oublier, oublier dans le travail, l'amour et les plaisirs. »

Nous savons bien, hélas, ce qu'il en fut.

Les traités annexes

Le 28 juin 1919 est signé par ailleurs un « petit traité de Versailles » reconnaissant notamment l'indépendance de la Pologne.
Le sort de l'Autriche-Hongrie est par ailleurs réglé par les traités de Saint-Germain-en-Laye (10 septembre/9 décembre 1919) et de Trianon (4 juin 1920).
Le sort de la Bulgarie est réglé par le traité de Neuilly-sur-Seine (27 novembre 1919).
Le sort de l'Empire ottoman est réglé par le traité de Sèvres (10 août 1920).

16
Les Petrossian apportent leur grain de folie

Cela fait plus d'un siècle que s'est ouvert, dans le VIIe arrondissement de Paris, le plus célèbre des commerces arméniens de la capitale, un temple dédié au plus singulier des aliments…

Il est probable que sans Lénine et les bolcheviques, le caviar ne serait jamais devenu ce signe extérieur de richesse qui, de nos jours encore, n'est servi qu'au trébuchet, avec tout un cérémonial, sur les tables les plus prospères. Par un de ces paradoxes dont l'Histoire a le secret, c'est en effet la révolution de 1917 qui, chassant vers l'Europe occidentale toute une population de grands-ducs et de Russes fortunés, a mis à la mode, dans les soirées élégantes de Berlin, de Paris, de Londres, de Monaco, la consommation de ces grains noirs au goût de noisette, parfois gris sombre ou ambrés – blancs très rarement, chez les esthètes les plus fortunés. En ces années vite qualifiées de folles, toute une haute société brillante et cosmopolite, avide d'oublier les privations de la Grande Guerre, se jette littéralement sur ce nouveau mets curieux, festif, effroyablement coûteux. On le tire de coupelles de cristal rafraîchies à la glace, à l'aide de cuillers plates en nacre ; on l'écrase délicatement entre la langue et le palais, pour en extraire de bien puissants arômes…

Depuis la capitale française, alors accueillante aux excentricités, la vogue du caviar se répand à la planète entière. Jusqu'à devenir, avec le charleston, les Bugatti à rallonge et les broches de Lalique, un symbole de la vie facile et ruineuse des années 1920… À Paris même, certaines épiceries fines vont s'en faire une spécialité : Kaspia en 1927, Prunier en 1921, l'un et l'autre après Petrossian, dès 1920. Ce ne sont pas des Russes, en effet, mais des Arméniens qui ouvrent, dans le VIIe arrondissement, boulevard de La Tour-Maubourg, la première boutique dédiée au caviar. Melkoum et Mouchegh Petrossian sont frères, originaires de Tiflis (Tbilissi), en Géorgie. Respectivement avocat et architecte de formation, mais un temps lancés dans les affaires pétrolières, Melkoum et Mouchegh ont dû fuir les persécutions dont leur peuple est victime. Réfugiés à Paris, ils ne tardent pas à se spécialiser dans le négoce de ce produit de luxe, dont raffole leur époque ; mieux, ils s'imposent comme fournisseurs incontournables du caviar dit *malossol*, c'est-à-dire préparé dans une saumure faiblement salée.

Leur habileté, doublée d'un sens commercial exacerbé, permet aux frères Petrossian de placer leurs petits grains noirs dans les fêtes les plus courues, associant l'image du caviar à celle, toute moderne, de la création, de la liberté, du plaisir… Au cœur de l'entre-deux-guerres, un artiste lancé, un grand financier, un politicien prometteur se doivent de connaître les diverses variétés de caviar et de pouvoir débattre de leurs mérites respectifs. Oscietre, béluga… L'on ne parle plus, dans les cercles avertis, que d'un grand poisson étrange : l'esturgeon.

Il est vrai que cet animal n'a rien de banal. Représenté sur les boîtes métalliques, rondes et plates, de la maison – elles seront bientôt de couleur turquoise –, on le dit issu de l'ère des dinosaures ; ses plus anciennes traces remonteraient à 300 millions d'années ! Certains spécimens peuvent mesurer huit mètres et peser plus d'une tonne. Que l'esturgeon puisse vivre centenaire n'est pas le moindre des arguments avancés par les Petrossian, qui nourrissent sa légende auprès de leur fidèle clientèle. Ils expliquent aux nouveaux connaisseurs que les rois d'Angleterre en ont fait, dès le XIVe siècle, un « poisson royal » ; que les tsars de Russie, à la suite des chahs de Perse, ont érigé ses œufs précieux en mets impérial.

Précisons pourtant que, durant des siècles, ces œufs d'esturgeon n'avaient guère eu les honneurs des tables raffinées. Reconnue de tout temps, leur valeur nutritive en faisait plutôt un substitut modeste, pour ne pas dire pauvre, de la viande, les jours de maigre notamment. Racontant son voyage en Asie mineure, en 1431, le pèlerin bourguignon Bertrandon de la Broquière affirme que le caviar, « quand on a autre chose à manger, ne vaut guère que pour les Grecs »… Plus tard, la présence massive d'esturgeons dans la Garonne incitera bien Colbert à favoriser sa production – mais il n'est jamais question, à l'époque, de présenter un seul grain de caviar à la table du roi ! Au XIXe siècle, bien avant les réfugiés russes, ce seront les marins d'Amérique qui le feront redécouvrir aux Européens, les bars de pêcheurs du Nouveau Monde servant un caviar très salé, à dessein, pour donner soif à la clientèle…

Donc, lorsque s'ouvre à Paris la boutique Petrossian, la russophilie, née de l'afflux de réfugiés de la cour du tsar, vient tout juste d'y rendre le caviar désirable. Avec intelligence, les deux frères assument de faire une marque de leur nom arménien – transparence inaccoutumée dans une époque volontiers xénophobe, où les commerçants étrangers ont l'habitude de franciser leur patronyme, quand ils ne le dissimulent pas sous une raison sociale anodine. Arméniens et fiers de l'être, eux vont au contraire jouer sur l'exotisme de leur nom. Du reste, on parle l'arménien dans la boutique du boulevard de La Tour-Maubourg, en plus du géorgien, du russe et bien sûr du français.

Assurer leur approvisionnement aux meilleures sources : telle est l'obsession des Petrossian. Aussi, lorsque Mouchegh épouse la fille de Lazare Mailoff, voit-on se renforcer la filière. Dès 1815 en effet, la famille Mailoff a détenu, à Bakou, sur la mer Caspienne, des concessions de pêche d'esturgeon... Les deux frères ne vont cesser, par ailleurs, d'améliorer leurs relations avec les autorités soviétiques. Mais si le renouvellement des stocks se révèle volontiers problématique, leur écoulement, souvent, ne l'est pas moins. La crise financière de 1929-1930 entraîne ainsi un ralentissement sévère des ventes ; les Petrossian s'adaptent et diversifient leur offre, vendant de plus en plus de saumon fumé, de crabe royal... Après la Seconde Guerre mondiale, le caviar russe – provenant largement d'Ukraine, du Kazakhstan, du Turkménistan et d'Azerbaïdjan – deviendra un monopole de la société Caviar Volga, créée en 1957. Ce caviar russe est d'ailleurs concurrencé, dans les années 1970, par celui qu'exporte l'Iran ; le chah n'a-t-il pas obtenu que soit installée, dans le quartier des Champs-Élysées, une Maison du caviar dédiée à la production persane ?

Évidemment, à l'époque de Melkoum et Mouchegh Petrossian, les esturgeons dont on extrayait le caviar étaient sauvages ; assez tôt toutefois, dès le milieu du XXe siècle, on a vu se développer des élevages. Dans les années 1990, à la faveur de la chute de l'Empire soviétique, l'explosion du braconnage et de la contrebande aura des conséquences désastreuses sur les populations d'esturgeons en liberté ; et il faudra prendre, en 2009, des mesures drastiques, et interdire en Europe les importations de caviar sauvage.

C'est au fils de Mouchegh Petrossian, Armen, que reviendra la tâche de surmonter toute cette crise. Et de faire en sorte que le caviar d'aujourd'hui se rapproche le plus possible, dans sa texture et ses arômes, du caviar sauvage d'antan… Ses propres fils poursuivent la belle aventure – en France mais aussi outre-Atlantique et en Orient… Or, à l'ère de la démocratisation du luxe – ce qui en soi, certes, est un paradoxe –, les Petrossian ont su défendre sans ambages une ligne délibérément élitiste, et contribuer à éviter que le caviar ne baisse en qualité, en prix… et donc en prestige. Les plus célèbres, sans doute, des commerçants arméniens de Paris ont trop conscience des efforts fournis, depuis un siècle, par leur famille, pour envisager à la légère de jouer avec ce qui, en plus d'une certaine excellence, fait la valeur de leur célèbre enseigne : la rareté.

Le nom du caviar

C'est un écrivain gastronome, François Rabelais, qui dans *Le Quart Livre* emploie pour la première fois sous cette forme le terme « caviar ». Il s'agit à l'époque d'un mot anglais, emprunté directement au vénitien *caviaro*, lui-même tiré du persan *khāviār*, *via* le turc *kavyar*. Au sens littéral, le mot persan signifie « gâteau de puissance », ce qui indique la part de fantasme assimilée d'emblée à ce mets à part. Deux bons siècles après Rabelais, l'*Encyclopédie* ne mentionne le *caviari sckari* qu'en tant que produit comestible, commercialisé en Russie ; il est vrai qu'alors, la fièvre du caviar n'a pas encore frappé l'Occident.

17
L'AFFAIRE DESCHANEL. BIEN FOL QUI S'Y FIE

De l'ancien président de la République élu en 1920, on n'a retenu que l'épisode burlesque du président « tombé du train en pyjama ». De quoi le rhabiller pour l'hiver et le ranger pour l'éternité parmi les fous. Mais pas si vite…

Prononcez en société le nom d'un président de la IIIe République – n'importe lequel, hormis Sadi Carnot et Paul Doumer, assassinés l'un et l'autre ; presque toujours, vous verrez se dessiner des mines goguenardes, inspirées par la situation fausse de ces pseudo-monarques républicains, sans vrai pouvoir… C'est ainsi : les noms de

Mac-Mahon, de Loubet, de Millerand, les rares fois qu'ils sont évoqués, suscitent l'air entendu, le clin d'œil appuyé, voire le ricanement… Jules Grévy ? Son gendre monnayait les croix de la Légion d'honneur ! Félix Faure ? Mort dans les bras de sa maîtresse ! Gaston Doumergue ? Un célibataire endurci, marié *in extremis* à l'Élysée ! C'est à peine si Raymond Poincaré tire son épingle du jeu, essentiellement à la faveur de la Grande Guerre. Quant à son successeur… Parler de Paul Deschanel engendre invariablement l'hilarité : une citation tronquée, une anecdote usée jusqu'à la corde, une réputation excessivement noircie par les chansonniers de son temps ont fait de lui l'incarnation du fou au pouvoir – mais un fou sympathique ; car, contrairement au roi Charles VI, dont la longue et terrible démence avait entraîné la France du XVe siècle aux confins de l'abîme, les absences grotesques de M. Deschanel furent aussi brèves que cocasses. Un mandat présidentiel de sept mois, pensez donc !

Voilà qui donne furieusement envie d'en revenir aux faits. Sous la IIIe République, archétype du régime parlementaire, le pouvoir exécutif est aux mains du président du Conseil, chef du gouvernement, le président de la République n'exerçant qu'une fonction pour l'essentiel honorifique – ce qui ne la rend pas moins prenante, et même harassante. Le chef de l'État est élu par les députés et les sénateurs réunis en congrès, dans l'aile méridionale du château de Versailles, au sein du grand hémicycle aménagé naguère par l'architecte Edmond de Joly. Les journées d'élection présidentielle sont une sorte de grand-messe à laquelle vient assister le Tout-Paris. Celle du 17 janvier 1920 va revêtir un singulier relief : au lendemain de la paix de Versailles mettant fin à la Grande Guerre, tout le monde s'attendait à l'élection triomphale du « Père la Victoire » : Georges Clemenceau. Patatras : à la faveur d'une entente préalable des différents groupes, c'est Paul Deschanel, fidèle de Poincaré, qui, seul candidat au final, s'offre une victoire de maréchal, avec la plus confortable majorité de toute l'histoire du régime. Cuisante humiliation pour le « Tigre », qui ne s'en remettra jamais.

Le résultat sitôt proclamé, l'opinion publique cherche à se faire une idée de l'heureux élu : Deschanel vient d'avoir 65 ans ; il est né sous le Second Empire à Bruxelles, son père, vétéran de 1848, étant l'un des proscrits du coup d'État de Napoléon III. C'est dire si ce brillant fonctionnaire se révèle un républicain dans l'âme ; sa carrière se confond du reste avec l'ancrage des institutions issues de l'effondrement de 1870 : sous-préfet de Dreux à 22 ans, il franchit tôt le pas de la députation et représentera l'Eure-et-Loir à la Chambre durant des décennies. Son engagement au service de Poincaré fait merveille il est vrai, de même qu'un mélange de droiture et d'entregent qui lui permet de traverser sans encombre les crises à répétition du scandale de Panama, de l'affaire Dreyfus ou de la séparation de l'Église et de l'État… Comme le rappelle son biographe, Thierry Billard, l'homme est fin, brillant même ; il se montre en avance sur son temps, en s'opposant par exemple à la peine de mort, ou en manifestant des réserves hardies à l'égard du traité de Versailles… Enfin, à deux reprises, Deschanel a fini par occuper le

« perchoir » : de 1898 à 1902 et de 1912 à 1920 – donc pendant toute la durée de la guerre. Oui, c'est bel et bien le président de la Chambre des députés que ses pairs viennent d'envoyer à l'Élysée ! Précisons qu'en cette année 1920, celle de son sacre républicain, cela fait plus de vingt ans qu'il est entré sous la Coupole, en tant que membre de l'Académie française. Tous ceux qui voudraient faire de lui un personnage obscur ou médiocre en seront donc pour leurs frais.

À l'époque, passé la surprise de l'éviction concertée de Clemenceau, on rend généralement hommage à la haute idée que le nouveau président semble se faire de ses responsabilités. Paul Deschanel a l'intention de profiter du mandat suprême pour redorer le blason présidentiel et conférer de l'éclat, du poids, de l'initiative à la fonction. Par ailleurs, intimement au fait des blessures béantes laissées dans la population par la guerre, il entend user de son magistère pour soigner les âmes et panser les plaies. Les anciens combattants auront désormais porte ouverte à l'Élysée ; d'ailleurs, dès le mois de mars, à l'occasion d'une visite officielle en Gironde, le nouveau président tombe littéralement dans les bras d'une gueule cassée venue l'accueillir… Son devancier direct, le sobre et monarchique Poincaré, n'avait pas habitué son entourage à tant d'effusions.

Lors du même déplacement à Bordeaux, on voit Deschanel s'affranchir des contraintes strictes édictées par le protocole : il reprend un discours, écourte un dîner de gala, s'écarte des invités officiels pour aller serrer des mains et prendre même un bain de foule – autant de pratiques qui deviendront habituelles sous la Ve République mais qui, un siècle plus tôt, suscitent, au mieux de l'étonnement, au pire une réprobation sourde. On se demande ce que cherche au fond ce président incontrôlable, qui prend chaque jour à contre-pied ses collaborateurs, et paraît aussi peu capable de se couler dans l'étiquette élyséenne que de respecter les rouages institutionnels. Ce dernier aspect est évidemment celui qui fait murmurer le plus dans les couloirs de la Chambre et du Sénat : à l'évidence, M. Deschanel refuse de se contenter d'« inaugurer les chrysanthèmes », selon la formule forgée plus tard par le général de Gaulle.

Problème : si le nouveau président comprend bientôt qu'au fond, sa marge de manœuvre politique est à peu près nulle, et qu'il n'a voix au chapitre sur aucun des sujets importants de la vie publique, il constate dans le même temps que, sur la forme, ce qu'on exige de lui est assez inhumain : audiences, discours, réceptions, inaugurations et visites innombrables se succèdent à un rythme d'autant plus effréné qu'il faut rattraper le temps perdu et faire oublier aux Français plus de quatre années d'une guerre effroyable – et je ne parle même pas de l'épidémie de grippe espagnole, dont l'ombre obscurcit toute cette année 1920. L'agenda présidentiel est encombré à l'infini d'obligations qu'en son for intérieur, le penseur politique n'est pas loin de regarder comme anecdotiques.

Tout cela pèse comme un couvercle sur ce chef de l'État vieillissant qui, masquant d'abord sa lassitude sous une jovialité de façade, perd peu à peu ses repères. Semaine après semaine, les gaffes présidentielles se succèdent, et les absences, et les phrases indésirables… Jusqu'au fatidique incident du 23 mai qui – à peine plus de quatre mois après l'élection – va déclencher un formidable éclat de rire en France et dans l'Europe entière. Alors que M. Deschanel a pris, le soir, à la gare de Lyon, le train présidentiel pour se rendre à Montbrison – il doit inaugurer là-bas un monument à la mémoire d'un sénateur victime de la guerre –, il commet, peu avant minuit, une bévue sans précédent : ouvrant sur les voies une porte qu'il a prise pour celle de la salle de bains, il bascule à l'extérieur et tombe du train en marche, heureusement sans se faire mal. Le chef de l'État ne s'en retrouve pas moins en pyjama sur les rails, obligé de demander secours à un couple de gardes-barrières, les Radeau, qui peinent d'abord à croire à la version de ce vieil homme en petite tenue surgi au milieu de la nuit et qui prétend être le président de la République ! Il leur faudra ensuite en convaincre les autorités appelées au téléphone…

Dès que, le 24 mai, la nouvelle se répand, chacun s'interroge : le président de la République française aurait-il bel et bien perdu la raison ? Toujours est-il que le fait divers, abondamment repris par la presse et amplifié, déformé par les chansonniers – une presse et des chansonniers à la dévotion de Clemenceau, faut-il le préciser ? –, atteint comme une vengeance la réputation d'un dirigeant dont l'élection, imputée aux seules combinaisons politiciennes, n'avait jamais été bien acceptée par l'opinion. Humilié, épuisé, de moins en moins sûr de lui, « Pyjamel » a beau se reprendre et, dès le 25 mai, présider le Conseil des ministres comme si de rien n'était, il ne tarde pas à réaliser que, désormais, c'en est fini de sa crédibilité. Sa parole et donc celle de la France sont lourdement dépréciées.

Les personnalités qui, dorénavant, sont amenées à rencontrer le président paraissent, une lueur malicieuse dans le regard, guetter chez lui la moindre incongruité. On ira jusqu'à prétendre que le chef de l'État, affligé d'une sorte de folie douce, aurait un jour signé un décret du nom de Napoléon ! Ou qu'il aurait, un autre jour, reçu tout nu une délégation diplomatique… Impossible, en l'absence de témoignages directs ou d'archives quelconques, de savoir si ces ragots possèdent un quelconque fond de vérité ; ce qui est certain, c'est que celui qui voulait relever la fonction présidentielle l'aura nettement dégradée.

Aussi bien est-ce un homme écœuré, fortement déprimé, qui, le 21 septembre 1920, s'estimera contraint de donner sa démission. Sortis du tourbillon politique, les accès de folie dont on ne cessera de l'affubler semblent devoir beaucoup à une médisance plus ou moins intéressée de ses adversaires ; probablement, nous dit Thierry Billard, ses troubles passagers n'auront-ils été le fruit que du surmenage et d'une situation d'intense frustration ; ils relèvent, selon toute vraisemblance, de ce que les praticiens appellent un syndrome d'Elpenor. Précisons d'ailleurs que, libéré de l'Élysée, et rendu par la même occasion aux regards du public, le fou de la veille paraît sain d'esprit à tous ceux qui auront l'occasion de parler avec lui ; il sera même élu sans peine, en janvier 1921, sénateur d'Eure-et-Loir – mandat interrompu l'année suivante par une mort prématurée. À la lueur de ces constats, comment comprendre l'ampleur des conséquences du trouble présidentiel ? En 2020, nous dirions volontiers de Paul Deschanel qu'il a subi les effets démesurés d'un burn out. Il y a un siècle, on a préféré le ranger parmi les victimes de démence, et le pousser fermement vers la sortie… Ce qui a pu amener certains à poser la question suivante : et si Paul Deschanel, certes un peu dépassé par les événements, n'avait été, à la vérité, que l'ultime victime politique de Clemenceau ?

Le syndrome d'Elpenor

Elpenor était le nom d'un compagnon d'Ulysse qui, assoupi près du temple de Circé, se serait mal réveillé et aurait fait, depuis la terrasse du temple, une chute mortelle. Le président Deschanel est aujourd'hui cité, dans les manuels de médecine, comme le cas le plus célèbre du syndrome d'Elpenor, encore appelé « ivresse du sommeil ». Il se caractérise par une confusion mentale liée à un réveil incomplet à l'issue d'un sommeil profond. Il entraîne une désorientation spatio-temporelle plus ou moins durable et des réflexes et comportements semi-automatiques pouvant se révéler dangereux.

18
11 NOVEMBRE 1940,
LE SURSAUT

Le lundi 11 novembre 1940, à la barbe de l'occupant allemand, plusieurs milliers d'étudiants et de lycéens français ont l'audace de manifester devant l'Arc de triomphe. Deux cents d'entre eux sont arrêtés. Leur acte de courage aura été, selon Jean Guéhenno, la « première manifestation publique de la Résistance » en France.

Depuis cinq mois, les Allemands ont pris possession de la capitale. Entrés dans Paris le 14 juin 1940 avec le maréchal von Bock, ils ont imposé partout leur présence et leur langue, couvert les monuments de croix gammées, planté des pancartes aux carrefours et réquisitionné les meilleurs établissements... Des ordres formels de Hitler ont eu beau exiger des officiers vainqueurs qu'ils se montrent polis et bienveillants avec la population civile, cette prise de possession est vécue comme insupportable. Les Parisiens ploient sous le joug : à mesure qu'ils rentrent d'exode, il leur faut se faire à l'idée d'une existence soumise, domestiquée... Aussi bien, passé la surprise, plutôt agréable, de découvrir un occupant « bien élevé », la sinistre réalité va s'imposer à tous : en ce maudit automne, Rome n'est plus dans Rome, n'en déplaise à Maurice Chevalier qui s'échine à faire croire que « Paris sera toujours Paris »...

Alain Monchablon, spécialisé dans les mouvements étudiants, a cité, dans la revue *Vingtième Siècle*, un rapport des renseignements, alors adressé au gouvernement de Vichy, et qui relève l'état d'esprit de la population parisienne à l'automne 1940 : « Influence nulle de la presse, développement de l'anglophilie et hostilité contre l'Allemagne, indifférence à l'égard de la politique du gouvernement, inquiétude touchant la vie quotidienne. » La jeunesse non mobilisée compte parmi les citadins les moins dociles, peut-être ; et bien des étudiants, dès les premiers jours de l'Occupation, ont montré – crânement, en désordre – leur hostilité aux nouveaux maîtres. Il semblerait que, dans les couloirs de la Sorbonne, les messages londoniens du général de Gaulle aient assez tôt recueilli un écho favorable. À la tête de l'université, le recteur Gustave Roussy peine à cacher sa sympathie pour cette résistance en germe ; il ne fait pas moins son possible pour assurer la continuité des cours. Le 20 octobre – quelques jours seulement avant l'entrevue Pétain-Hitler à Montoire-sur-le-Loir – a eu lieu la rentrée solennelle de l'université. Dans une atmosphère lugubre…

De discrets informateurs signalent une nervosité grandissante au sein du monde étudiant : ainsi des carabins ont-ils quitté l'amphithéâtre de la faculté de médecine du seul fait de la présence, parmi les auditeurs, de trois officiers allemands, pourtant vêtus en civil. Quant aux cafés les plus fréquentés du Quartier latin, il va falloir les obliger à fermer, pour éviter qu'ils ne deviennent un pôle de défi à la puissance occupante. Il faudra clore également plusieurs salles de cinéma, les projections d'actualités filmées entraînant, de la part de certains spectateurs assez jeunes, réactions sonores et lazzis… Chaque semaine apporte son lot d'actions demeurées « sans gloire au milieu des ténèbres » : à l'occasion de la Toussaint, par exemple, on a vu de nombreux Parisiens adopter des attitudes de défi. Le 1er novembre, 20 000 d'entre eux sont ainsi venus jusque sous l'Arc de triomphe, afin d'y fleurir la tombe du Soldat inconnu.

Le tract

Voici l'exemple d'un tract manuscrit trouvé dans le hall de la faculté de médecine. Il est bien représentatif de l'appel à manifester qui, dès le début du mois, a circulé en cachette parmi les étudiants :

Étudiant de France !
Le 11 novembre est resté pour toi jour de
Fête nationale
Malgré l'ordre des autorités opprimantes, il sera

Jour de recueillement.
Tu n'assisteras à aucun cours.
Tu iras honorer le Soldat inconnu, 17 h 30
Le 11 novembre 1918 fut le jour d'une grande victoire.
Le 11 novembre 1940 sera le signal
d'une plus grande encore
Tous les étudiants sont solidaires pour que
Vive la France !
Recopie ces lignes et diffuse-les

Comment, dans ces conditions, la question des célébrations du 11-Novembre ne se poserait-elle pas ? L'occupant, évidemment, souhaite n'accorder aucune place au rappel de l'humiliation allemande de 1918. La directive est nette : nulle manifestation publique ne saurait se tenir à l'occasion de la fête nationale ; dans les établissements scolaires et universitaires, il a été prévu que les plaques de « Morts pour la France » soient discrètement fleuries, certes, mais tôt le matin – avant l'arrivée des élèves. Il est vrai que des informations concordantes ont fait état, dès le 7 novembre, de préparatifs en vue d'une manifestation étudiante à cette occasion, dont l'épicentre serait l'Arc de triomphe de l'Étoile. Quel est, dans cette mobilisation, le rôle de la radio clandestine, la part des tracts à la main et celle du bouche-à-oreille ? Ce qui est certain, c'est qu'au petit matin du 11, trois résistants de la première heure, membres du réseau du musée de l'Homme, déposent une gerbe près des Champs-Élysées, devant la statue de Clemenceau par Cogné, érigée huit ans plus tôt, avec une fausse carte de visite d'un mètre de long, au nom du général de Gaulle, et un ruban de la France libre !

C'est dans l'après-midi de ce jour mémorable que va survenir l'événement majeur. Vers 16 heures, on voit plusieurs centaines de jeunes gens converger en direction de l'Arc de triomphe. Certains sont venus en groupe, comme ces élèves du lycée Janson-de-Sailly, arrivés ensemble par l'avenue Victor-Hugo, et encombrés d'une énorme gerbe en forme de croix de Lorraine. « Vive de Gaulle ! » crient certains ; « Vive la France ! », leur répond la foule, tandis que d'autres entonnent la *Marseillaise*... Avant 17 heures, la police française intervient, dispersant le plus grand nombre, arrêtant 200 manifestants qui sont immédiatement incarcérés au Cherche-Midi et à la Santé ; certains iront jusqu'à Fresnes.

Le recteur Roussy étant, dans la foulée, démis de ses fonctions, c'est l'historien de Rome, Jérôme Carcopino qui, désormais, va les occuper. Il temporise autant qu'il peut, et s'active à démentir la rumeur d'une répression terrible ; Radio Londres n'a-t-elle pas fait état de 11 manifestants tués, et de 500 déportés ? Dès le lendemain, mardi, ont été fermés tous les établissements parisiens d'enseignement supérieur ; ils seront progressivement rouverts lors des semaines suivantes. Les plus jeunes ne sont pas les moins virulents. « Pendant plus d'une semaine, écrira Carcopino au maréchal Pétain, j'ai craint de ne pouvoir apaiser l'effervescence des lycéens. » Les Champs-Élysées deviennent une zone ultra-surveillée, où se multiplieront longtemps les arrestations préventives.

Pacifique et nombreuse, ouvertement anti-allemande, animée de surcroît par la jeunesse, une telle démonstration de force n'a pu laisser Vichy indifférent – pour ne rien dire de Berlin. Une fois pour toutes, l'hostilité d'une partie de la jeunesse parisienne à l'occupation est ainsi affichée. Un mythe fondateur est né. Après la Libération, cet acte de bravoure collectif fera forcément l'objet de récits admiratifs, plus ou moins convergents – l'objet aussi de controverses... Certains tenteront de le récupérer. Certes, des nationalistes aux communistes, nombreux auront été, parmi les manifestants, les jeunes gens qui affichaient des opinions politiques tranchées. Il semble pourtant que leur rassemblement sur la tombe du Soldat inconnu ait été pour l'essentiel spontané, patriotique et apolitique.

Entretenue notamment par des sympathisants communistes, une tradition historiographique – jadis adoptée à tort par l'auteur de ces lignes – voulait que la manifestation parisienne du 11 novembre 1940 ait eu pour facteur déclenchant l'arrestation, le 8 du même mois, d'un célèbre disciple des Curie, le professeur Paul Langevin, en charge de la chaire de physique générale et expérimentale au Collège de France. Proche du Parti, ce dernier n'en avait pas moins dénoncé le Pacte germano-soviétique en 1939. Dans un appel édité par son comité de défense, on peut lire ces mots : « Conservez votre calme. N'offrez pas de prétexte à la répression », toutefois suivis de cet appel : « Le 11 novembre, organisez dans les facultés et les écoles une manifestation du souvenir. » Il semble cependant, comme le montre Alain Monchablon, que l'idée d'une manifestation étudiante à l'Arc de triomphe ait été planifiée avant son arrestation ; on possède même la trace écrite d'un projet remontant au 5 novembre, soit trois jours plus tôt. S'il y eut donc, parmi les personnes présentes à l'Arc de triomphe, quantité de défenseurs du grand scientifique, ils ne paraissent pas avoir été l'étincelle qui mit le feu aux poudres.

À tout prendre, il est plus probable que l'ampleur du sursaut doive davantage, et paradoxalement, aux précautions prises par les autorités – et notamment par le rectorat de Paris – en vue d'éviter tout débordement le 11 novembre. De là à penser que, dans l'esprit de Gustave Roussy et de quelques autres, cette interdiction répétée de manifester ait eu pour ambition cachée de stimuler l'ardeur rebelle d'une jeunesse sonnée par la défaite, il n'y a qu'un pas. Qu'il n'est pas interdit de franchir.

Les autres 11-Novembre de la période

Lors des trois années suivantes, les cérémonies du 11-Novembre vont être totalement proscrites en France, et à Paris tout spécialement. Une dissuasion puissante sera mise en œuvre, notamment à destination du public étudiant. Il faudra attendre la Libération, en 1944, pour que les Champs-Élysées accueillent, à l'occasion du 26e anniversaire de l'armistice de 1918, un grand défilé franco-britannique, emmené de concert par le général de Gaulle et Winston Churchill. À noter toutefois, le 11 novembre 1943, l'action emblématique du maquis de l'Ain et du Haut-Jura, à Oyonnax, qui devait se solder par de terribles sanctions, et jouer un rôle historique non négligeable : la dureté de la répression allemande et la peine des victimes à se défendre auraient en effet achevé de convaincre les Alliés de la nécessité de mieux armer la Résistance française.

19
De Gaulle soigne sa sortie

Éprouvé par un Mai 68 qu'il peine à comprendre, le Général décide de reprendre la main et de dicter son tempo. *Mais législatives et référendum ne préparent pas l'avenir, sinon son départ, qu'il veut maîtrisé, inattendu et en quelque sorte exemplaire…*

Au cœur de l'agitation de Mai 68, dans son allocution du 24 mai, le général de Gaulle avait affirmé : « Depuis bientôt trente ans, les événements m'ont imposé en plusieurs graves occasions, le devoir d'amener notre pays à assumer son propre destin, afin d'empêcher que certains ne s'en chargent malgré lui. J'y suis prêt, cette fois encore. Mais cette fois encore, cette fois surtout, j'ai besoin, oui : j'ai besoin que le peuple français dise qu'il le veut. Or, notre Constitution prévoit justement par quelle voie il peut le faire. C'est la voie la plus directe et la plus démocratique possible, celle du référendum. Compte tenu de la situation tout à fait exceptionnelle où nous sommes, et sur la proposition du gouvernement, j'ai décidé de soumettre au suffrage de la nation, un projet de loi, par lequel je lui demande de donner à l'État, et d'abord à son chef, un mandat pour la rénovation. »

Mais quelle rénovation ? « De Gaulle semble ne pas comprendre ces mouvements qui agitent et désorganisent la France », estiment Jacques Santamaria et Patrice Duhamel. Terrible impression de flottement, accentuée par les différences d'appréciation, bien réelles mais encore peu perceptibles par l'opinion, entre le Général et son Premier ministre, Georges Pompidou. Ainsi les manifestants, les grévistes, les étudiants, soutenus par une opposition qui découvre une occasion inespérée de s'installer au pouvoir, exigent-ils encore une fois le départ de De Gaulle. La clarté du slogan dispense de commentaire : « Dix ans, ça suffit. »

Certes, en 1968, cette révolution larvée n'a pas couru jusqu'à son terme ; dès le 30 mai, grâce à un passionnant jeu d'influences, les choses sont rentrées dans l'ordre ; s'est renouée la chaîne du temps. Mais le président, plus que marqué par ces semaines de grand tumulte, en a conclu, avec la force de l'évidence, à la nécessité de modifier le cap – au grand dam d'une partie de son propre mouvement. Pompidou n'est plus très loin de s'opposer au Général qui, de son côté, n'a pas renoncé à partir… Il n'est pas innocent qu'à l'issue de la crise, lui, si visiblement las, ait déclaré à l'un de ses proches : « Je ne crois pas que je poursuivrai ma tâche au-delà de 80 ans. C'est trop âgé pour un chef d'État. Je ne sais pas encore exactement quand je me retirerai… Peut-être à l'occasion de cet anniversaire, ou le 1er janvier qui suivra… Et puis, avant de mourir, il me faut un peu de temps pour écrire mes Mémoires. » Cette préoccupation pourrait paraître secondaire ; elle va se révéler fondamentale, et pousser de Gaulle à organiser son départ plus tôt que prévu.

Certes, les élections législatives des 23 et 30 juin 1968 ont vu triompher les gaullistes ; mais leur chef n'en a pas moins pris la mesure des exaspérations ; il lui faut dessiner de nouvelles perspectives, tout en imaginant une porte de sortie digne de sa stature – ce sera un référendum sur deux sujets qui lui tiennent à cœur : une régionalisation tous azimuts et la participation des salariés aux profits de l'entreprise. « Pompidou, demande-t-il à celui qui est encore son Premier ministre, êtes-vous décidé à faire, avec moi, la participation ? » Faute d'avoir répondu assez nettement, le collaborateur privilégié devra céder sa place à Matignon ! Trahison de sa part ? Le Général a pu le ressentir ainsi, quoi qu'en aient dit bien des barons…

Pour l'heure, Pompidou, mais aussi Debré et quelques autres ont prié ou fait prier le président de la République de renoncer à son référendum ; d'ailleurs lui-même, un temps, a paru douter. « On dira : de Gaulle recule. Eh bien quoi ! Ce n'est pas une honte de reculer… » Finalement, le processus est enclenché : « Je n'ai plus le choix, conclut-il ; ou je crève l'abcès, ou je m'en vais. »

Une semaine avant l'échéance, le président ne nourrit guère d'illusions sur l'issue du scrutin ; et le mercredi 23 avril 1969, au moment de clore le Conseil des ministres, assis une dernière fois face à Maurice Couve de Murville, Premier ministre, entre André Malraux, en charge des Affaires culturelles, et Michel Debré, aux Affaires étrangères, il lance : « Nous nous réunirons en principe mercredi prochain. Nous avons en effet l'espoir de nous retrouver la semaine prochaine. S'il n'en était pas ainsi, ce serait un chapitre de l'histoire de France qui serait terminé. » Sobres adieux, pour le moins, à l'adresse de ceux qui l'ont accompagné, bon an, mal an, depuis plus d'une décennie.

Le soir même, recevant, comme à l'accoutumée, dans son bureau, ses principaux collaborateurs, il apostrophe Jacques Foccart, en charge des affaires africaines et malgaches : « Alors, qu'est-ce qu'on dit ? Ce référendum… C'est sûr, on sera battus… » Et, coupant la parole à ceux qui voudraient protester : « Je vous dis : nous sommes battus. Cessez de me raconter des histoires et de vous en raconter à vous-mêmes ! » Et d'enchaîner : « Voici ce qu'il faudra faire dès dimanche soir, vers 21 heures, quand tout sera évident… » – à savoir : transférer les archives personnelles vers l'ancien état-major de la rue de Solférino, et préparer pour tout le reste un déménagement rapide. « Personne ne doit savoir que j'ai déjà pris ces dispositions, ajoute le Général ; d'ailleurs, vous verrez, à l'enregistrement de mon dernier discours, que personne ne se rendra compte de rien. » Si l'on en croit Jean Mauriac, qui a chroniqué ces heures ultimes à partir d'éléments recueillis par le patron de l'AFP, Jean Marin, la dernière pensée du chef de l'État aura été, ce soir-là, pour l'Afrique : « Il ne faut pas que les Africains puissent croire que je n'ai pas tenu compte, au dernier moment, de leurs problèmes ; il faut qu'ils sachent que je ne les oublie pas. »

La veille du discours décisif du vendredi, de Gaulle a reçu Debré – une dernière fois : « Le peuple français ne veut plus de moi, a-t-il lâché, amer. Je n'ai donc plus qu'à m'en aller… » Il serait sans doute faux de penser qu'à ce stade, les questions soumises aux Français ne sont pour le président qu'un prétexte à tirer sa révérence. À la vérité, régionalisation et participation lui paraissent des plus importantes : « Même si j'échoue, je serai gagnant, confie-t-il au chef de son état-major particulier ; aux yeux de l'Histoire, qui est le seul plan qui me concerne, l'avenir dira que j'ai été renversé sur un projet qui était essentiel pour le pays. » Reconnaissons qu'un demi-siècle plus tard, on ne peut que s'incliner devant tant de lucidité.

C'est à 11 heures du matin, le 25 avril, que le Général enregistre, dans un studio aménagé au sein de la salle des fêtes de l'Élysée, son ultime intervention télévisée. Avec la conscience professionnelle et l'indéfectible mémoire qui auront tant impressionné ses contemporains. Mais on n'y trouvera cette fois ni souffle, ni feu, ni même les accents d'une conviction véritable. On montre au président le résultat sur un écran de contrôle. Philippe Alexandre : « De Gaulle se tourne vers le jeune secrétaire d'État à l'Information et, indiquant de la main un siège vide, près de lui, il lance d'une voix subitement assurée : "Allons, venez, Le Theule. Venez vous asseoir près de moi." [...] Quand la projection est finie, on guette ses réactions, on espère qu'il demandera un nouvel enregistrement. Mais non : le Général se lève, tourne le dos à l'appareil et dit au secrétaire d'État : "Alors, Le Theule, tout est foutu." Et il ajoute : "Pour l'avenir..." Mais cette phrase-là, le Général ne l'achève pas. Il s'éloigne rapidement, remercie les techniciens, serre quelques mains et quitte la salle, suivi de ses collaborateurs. » Un moment après, seul avec son aide de camp dans l'ascenseur qui le ramène au premier étage, il aura ce mot : « Comme sortie, ça pourra aller... »

Duhamel et Santamaria ont raconté le départ de l'Élysée du couple présidentiel. « Dans l'après-midi, le chef de l'État et madame de Gaulle sortent par le salon d'argent, que pourtant le Général n'aime pas. On n'en saisira l'intention que plus tard. La voiture descend l'allée de droite, alors qu'à l'habitude elle traversait le parc par le chemin de gauche, bien plus commode pour la sortie du véhicule. Deuxième signe de l'intention. Arrivé à la porte donnant sur l'avenue de

Marigny, le véhicule s'arrête, à la grande surprise du colonel Laurent, commandant militaire du palais, qui salue le président selon l'usage. De Gaulle baisse la vitre, le colonel Laurent s'approche. Poignée de main et mot aimable. » La DS noire quitte le parc, on referme déjà la grille du Coq… « Le colonel Laurent a les larmes aux yeux. Il a compris. Cette rupture dans les habitudes, cette poignée de main… Le Général ne reviendra pas. »

Ce soir-là, en arrivant à Colombey, le général de Gaulle devait lancer à l'employée de maison : « Cette fois-ci nous rentrons définitivement. » Il ne s'est pas trompé, on le sait. Dans la soirée du 27, les résultats seront sans appel : 12 millions de « non », 52,4 %, contre près de 11 millions de « oui ». Le « oui » n'est en tête que dans 25 départements métropolitains ! Dès 00 h 10 – pour l'Histoire, la date sera donc celle du 28 avril 1969 – un communiqué de l'AFP informe toutes les rédactions à la première personne : « Je cesse d'exercer mes fonctions de président de la République. Cette décision prend effet aujourd'hui à midi. » Ainsi le Général aura-t-il mis en application ce qu'il écrivait, à propos de son départ, dès 1946 : « Quant au pouvoir, je saurai, en tout cas, quitter les choses avant qu'elles ne me quittent. »

Le lundi 28 avril, premier jour de l'« après-de Gaulle », il ne reçoit aucune visite, sinon celles de son aide de camp Flohic et de son beau-frère, le député du Pas-de-Calais, Jacques Vendroux : « J'ai fait tout ce que j'ai pu pour mon pays, dit-il à ce dernier. Je ne regrette rien. » Et à François Flohic : « Au fond, je ne suis pas mécontent que cela se termine ainsi. Car quelles perspectives avais-je devant moi ? Des difficultés qui ne pouvaient que réduire le personnage que l'Histoire a fait de moi et m'user sans bénéfice pour la France. »

Philippe Alexandre, chroniqueur incontournable de ces années de transition, l'a bien exprimé : « Le Général retrouve le désert. Après onze années d'éclats de voix et de coups de tonnerre, il faut réapprendre le silence, la solitude, le chant des oiseaux, la vie campagnarde. [...] De Gaulle exhale sa déception. Trop de trahisons ont provoqué sa chute. Un jour, il dira toute la vérité : sur ces dernières semaines, sur le “complot”. Les Français ouvriront enfin les yeux. Et peut-être, si Dieu le permet, le Général pourra-t-il lui-même savourer sa revanche. » Mais Dieu ne le permettra pas : Charles de Gaulle s’éteindra dix-huit mois plus tard, sans avoir eu l’occasion de s’expliquer ailleurs que dans ses derniers Mémoires, et par le biais controversé du génial verbatim d’André Malraux : *Les Chênes qu’on abat...*

Les derniers voyages

Le 10 mai, accompagné de son épouse, le Général arrive en Irlande, sur les traces de ses ancêtres maternels, les Mac Cartan. Il séjourne dans le Kerry, au Heron Cove – un modeste hôtel –, à l’abri de la presse et des photographes. Charles et Yvonne de Gaulle assistent régulièrement à la messe et multiplient les marches dans des paysages grandioses et déserts. Généralement, François Flohic reconnaît les itinéraires à l’avance et fait en sorte de les rendre sûrs. Cela n’empêchera pas deux reporters de réussir à prendre des clichés du couple marchant sur la plage... En Irlande, de Gaulle travaille aussi à la rédaction de ses *Mémoires d’espoir*. Il ne sera de retour en France que le 19 juin, après plus d'un mois d'absence.

L'année suivante, en juin, les de Gaulle repartent – cette fois pour l'Espagne, où le Général s'entretiendra longuement avec Franco. Lors de cet ultime périple, ils visiteront la cathédrale Saint-Jacques-de-Compostelle, l'Escurial, en Castille, ainsi que la cathédrale de Séville, Grenade, et la mosquée de Cordoue.

20
Ils ont marché sur la Lune

Ceux qui ont pu vivre l'événement, il y a une cinquantaine d'années, à travers la radio et la télévision, se rappellent la sidération planétaire engendrée par cette première absolue : un être humain foulant le sol de la Lune ! Depuis l'aube de l'Histoire, notre satellite naturel avait été regardé – presque au même titre que le Soleil et les étoiles – comme un grand luminaire inaccessible. Et voilà que, soudain, l'impossible devenait possible…

Cyrano de Bergerac en avait rêvé ; Jules Verne l'avait imaginé ; Hergé, plus près de nous, avait presque donné corps à la chimère, l'engin rouge et blanc du professeur Tournesol devenant familier au public... Il est vrai que l'on maîtrisait la propulsion gazeuse depuis belle lurette ; mais c'est au XXe siècle que la fusée est devenue efficace, avec les terribles V1 et V2 lancés par Hitler, en 1944, sur Londres et sur Anvers.

À la Libération, Américains et Soviétiques ont récupéré sans vergogne les ingénieurs allemands de ce programme, pour les mettre, discrètement, au service de leur guerre froide. N'oublions jamais que, dans cette lutte à mort entre les deux superpuissances nouvelles, le contrôle de l'espace est devenu un enjeu essentiel. Et admettons, ne nous en déplaise, que cette course à l'espace, d'abord politique et militaire, aura été le vrai moteur – fort peu poétique – de la conquête lunaire.

Dans cette compétition, les Russes ont pris d'entrée de jeu l'avantage. En octobre 1957, ils fascinent l'opinion mondiale en annonçant le succès de *Spoutnik*, premier satellite artificiel jamais lancé. Or, dès le mois suivant, ils envoient un petit animal, la chienne Laïka, en orbite autour de la Terre. À la Maison-Blanche, on est à la fois surpris et consterné. Il est urgent de réagir, et sans délai, le président Eisenhower annonce la centralisation des moyens de recherche dans une agence nationale (la future NASA) et l'accélération du programme spatial américain.

Les Soviétiques n'en continuent pas moins de marquer des points ; et pour ne pas perdre l'avantage, ils multiplient de leur côté les effets d'annonce. Janvier 1959 : *Lunik 1* est le premier objet à échapper à l'attraction terrestre ; huit mois plus tard, il ira jusqu'à percuter la Lune – et un frisson parcourt la Terre. Avril 1961 : les Russes sont encore les premiers à envoyer un homme dans l'espace : Youri Gagarine, désespérant les savants d'Amérique. Du reste, John Kennedy se croit alors obligé de répliquer. Selon ce qui, chez lui, relève de l'habitude, le nouveau président s'autorise un coup de bluff et proclame la ferme intention de son pays d'envoyer un homme sur la Lune avant la fin de la décennie ! Le Kremlin rit sous cape…

À tort. Car aux États-Unis, le défi présidentiel a été pris au sérieux. Des moyens sans précédent sont mis en jeu : plus de 300 000 ingénieurs et techniciens supérieurs vont désormais consacrer tout leur temps à atteindre cet objectif en apparence inaccessible. Les premiers résultats ne se font pas attendre. Dès février 1962, les Américains font faire à John Glenn, leur premier astronaute, trois révolutions terrestres. Fin 1965, ils font évoluer deux cabines *Gemini* à moins d'un mètre l'une de l'autre et, en mars suivant, *Gemini 8* est arrimée en vol à la cible *Agena*. Et c'est au tour des Américains d'étonner le monde lorsqu'ils parviennent à poser – en douceur – la sonde *Surveyor* sur la Lune.

Précisons qu'à la même époque, les Russes ont mis *Lunik 10* en orbite autour de l'astre tant convoité, et qu'en septembre 1968, ils accomplissent l'exploit d'en ramener, entière, la sonde *Zond 5*. Il semble bien, cette fois, que l'avantage soit dans le camp des Américains. Alors qu'approche la fin de la décennie, le monde a les yeux rivés sur leur programme de vols habités Apollo. Et se demande s'ils iront jusqu'à tenir le pari de Kennedy.

Problème de taille pour la NASA : envoyer des hommes sur la Lune est une chose ; les ramener sur Terre, ensuite, en est une autre. Dès le début de l'aventure, les esprits les plus brillants ont achoppé sur ce problème. Et l'on a vu fleurir, comme souvent au début des grands défis, nombre de projets fantaisistes... Certains ont parlé d'envoyer des réservoirs de carburant sur la Lune, pour que les astronautes refassent le plein à mi-course... Un très sérieux bureau d'études a même proposé d'envoyer là-haut quelques hommes, munis d'un ravitaillement énorme – une sorte de hangar à provisions –, histoire de leur permettre de patienter tranquillement, avec confiance, durant les années nécessaires aux ingénieurs pour inventer un moyen de les ramener. Avis aux amateurs !

Trois cas de figure sont possibles. Le premier, privilégié par l'administration Kennedy, consiste à faire l'aller-retour en mode direct. Cela suppose la mise au point d'une fusée extraordinairement puissante, coûteuse à construire et à entretenir, avec des délais de mise au point indéfinis. Une solution plus élégante est soutenue, au sein de la NASA, par le célèbre ingénieur allemand Werner von Braun – le père des V2. Il s'agit du « rendez-vous en orbite terrestre ». Une troisième solution, encore plus audacieuse, opterait carrément pour le « rendez-vous en orbite lunaire ». Solution habile, économique, légère à mettre en œuvre – mais qui relèverait de l'acrobatie technique.

Car, lorsqu'on n'a jamais réalisé de manœuvres en orbite terrestre, il est pour le moins hardi d'envisager d'en accomplir en orbite lunaire... Tout le monde aurait donc écarté la troisième solution, si un modeste ingénieur du centre de recherches – un certain John Houbolt, alors âgé de 43 ans – ne s'était démené pour la défendre. Seul contre tous, au prix de vexations terribles, cet homme obstiné va, un à un, rallier à sa cause de hauts responsables. Il convainc même Von Braun, le savant allemand approuvant son idée d'alléger le véhicule spatial d'étape en étape, à tel point que la capsule finale, seule destinée à revenir sur Terre, ne pèse plus que cinq tonnes – la fusée, au départ, pèse 3 100 tonnes !

Houbolt a bien fait d'insister : c'est sa solution qui est retenue en novembre 1962. Six missions seront nécessaires pour que les techniciens apprennent à manipuler correctement les éléments du convoi. En janvier 1967, la mission *Apollo I* tourne à la tragédie. Au cours d'un exercice, les astronautes Grissom, White et Chaffee sont brûlés vifs dans leur cabine. Il n'empêche : dès la huitième mission, on tourne en orbite autour de la Lune ; *Apollo IX* fait manœuvrer le module lunaire en orbite terrestre ; *Apollo X* le fait fonctionner en orbite lunaire ! Autant dire que la onzième mission devrait être la bonne – même si les plus optimistes ne lui donnent pas 50 % de chances de réussir !

L'équipage de service pour cette mission *Apollo XI*, si décisive, est composé de trois hommes nés en 1930 : Michael Collins sait d'emblée qu'il devra rester à bord de *Columbia*, la capsule en orbite ; on l'a entraîné à assumer cette intense frustration. Ses deux compagnons, Edwin (Buzz) Aldrin et Neil Armstrong, quittant la capsule pour leur part, iront se glisser dans le module en vue d'alunir.

Le 16 juillet, matin du grand départ, l'équipage est en train de prendre son petit déjeuner quand on lui annonce la visite de l'administrateur général de la NASA. Le grand patron, pour atténuer un peu la pression sur leurs épaules, leur annonce que dans le cas où la mission devrait être interrompue, pour une raison quelconque, tous trois seraient retenus pour la tentative suivante. Aucune raison dès lors de forcer le destin.

À 8 h 32, juchée tout au sommet d'une fusée *Saturn 5* de 111 mètres de haut et qui déploie 155 millions de chevaux, la capsule *Columbia* décolle de Cap Canaveral, rebaptisé depuis peu Cap Kennedy. Dix-huit mois avant la fin de la décennie, la NASA accomplit le vœu du président assassiné. La tension est grande à la base de contrôle de Houston, au Texas, et d'autant plus qu'on vient d'apprendre que la sonde soviétique *Luna 15* fait route vers la Lune ! Certes, les Russes ont rassuré les Américains sur leurs intentions ; mais peut-on leur faire confiance ?

Le vendredi 18 juillet 1969, à 23 heures, la capsule *Columbia*, munie du module lunaire *Eagle*, est à 320 000 km de la Terre, à 62 000 km de la Lune : elle passe d'une zone d'influence à l'autre. Vitesse de croisière : plus de 4 000 km/h. Le 19 juillet, elle entre à 18 h 22 en orbite lunaire.

Le lendemain, dimanche 20, *Eagle* se détache de *Columbia.* Collins serre les mâchoires ; Aldrin et Armstrong s'éloignent vers l'inconnu. À 13 h 46, leur module disparaît du côté de la face cachée ; long silence radio ; puis il réapparaît, à seulement 25 km d'altitude.

Au moment où commencent les manœuvres d'alunissage, en France, les montres indiquent déjà : lundi 21 juillet. À bord du module, Aldrin et Armstrong ont les yeux rivés sur leurs indicateurs. Le pilotage automatique doit les faire alunir tout seul sur la mer de la Tranquillité… Sauf qu'à 1 830 mètres d'altitude, un voyant jaune s'allume. Alarme stridente : l'ordinateur de bord a dépassé ses capacités d'exécution. Que faire ? Faut-il interrompre, si près du but, la mission *Apollo XI* ?

À Houston, c'est la panique. Les patrons de la NASA ont quelques secondes seulement pour prendre une décision historique entre toutes. On leur amène, le souffle court, un contrôleur de 25 ans : Steve Bales. Ce jeune homme a passé des semaines à travailler sur le programme de l'ordinateur d'*Eagle*. Or, il affirme que, lors d'une simulation, il a rencontré exactement le même problème et que l'ordinateur s'est bien comporté jusqu'au bout. Les responsables échangent un regard ; ils lui renouvellent leur confiance. La mission continue.

Plus que 1 000 mètres. Nouvelle alarme. Aldrin et Armstrong sont pâles, concentrés. Cette fois, que va décider Houston ? Au centre de contrôle, tout le monde a les yeux rivés sur Steve Bales ; léger clignement d'yeux… « On continue ! » Les deux astronautes, parvenus maintenant à 400 m de la surface lunaire, font un constat inquiétant : ils ne sont pas du tout où ils devraient se trouver – le sol, sous eux, n'a rien à voir avec celui présenté lors des simulations. C'est qu'en conditions réelles, tout est différent ; et qu'ils sont assez loin, dans les faits, de l'endroit prévu pour l'alunissage. Or, ce qu'ils découvrent en bas les terrifie : d'énormes rochers entourent un cratère béant, sur lequel le module fonce droit.

Armstrong prend alors la décision de sa vie : enclencher la commande manuelle. Au diable le pilote automatique, à présent c'est lui qui tient la barre. Or, tandis que défilent les champs de roches, la jauge n'indique plus que 90 secondes de carburant. 40 secondes, 30… Armstrong a repéré un endroit un peu moins accidenté. Il y conduit le module. Un voyant se met à clignoter, orange, celui-là : bientôt la panne sèche ? Aldrin ferme les yeux et prie. Tout le monde prie. Et soudain, c'est un voyant bleu qui s'allume : *Eagle* vient d'entrer en contact avec le sol lunaire. Ils ont réussi !

Il est 3 h 52, heure de Paris. Le sort a désigné Armstrong pour sortir le premier. Lentement, très lentement, il descend les échelons d'une échelle trop courte, et saute. 3 h 56. Là-bas, quelque 600 millions de Terriens équipés de la télévision ont les yeux rivés sur leur écran. Armstrong prononce la phrase qu'il a apprise par cœur, mise au point avec le président Nixon : « C'est un petit pas pour l'homme, mais un bond de géant pour l'humanité. »

Buzz Aldrin est maintenant avec lui. Les deux hommes s'amusent de cette faible pesanteur qui les fait ne plus peser que 15 kg. Au moment de décharger le matériel nécessaire aux expériences et aux prélèvements, Armstrong découvre, dans un compartiment du module, cette inscription laissée secrète, contre tout règlement, par des techniciens : « Bonne chance, Neil et Buzz, de la part de toute l'équipe de vérification. »

Ils se saisissent du drapeau américain et vont le planter sur la Lune, aux côtés, tout de même, d'une plaque sur laquelle est indiquée qu'ils sont venus « pacifiquement, au nom de l'humanité entière ».

Le film de la discorde

Le caractère inouï de l'exploit accompli par la NASA a très tôt suscité des rumeurs sur la réalité de la mission lunaire *Apollo XI* et, plus encore, sur l'authenticité des films et des photos de l'événement fournis aux médias, depuis 1969, par le gouvernement américain et ses organismes officiels. Le fait que le drapeau ait pu donner le sentiment de flotter en l'absence d'atmosphère sur la Lune, l'éclairage, excessif selon certains, de motifs par ailleurs plongés dans l'ombre, mais aussi l'absence de poussière sur les pieds du module ou l'ampleur spectaculaire de certains des bonds effectués par les astronautes… Tous ces arguments – ou pseudo-arguments – ont alimenté la légende d'une vaste conspiration des autorités, accusées par certains d'avoir été à l'origine d'une manipulation. Autant dire que la notion de *fake news* existait bien avant Internet !

TABLE

DU MÊME AUTEUR *(suite)*

Parfums. L'empire d'un sens, Plume, 2002

Bruges, Flammarion, 2001

Le Bal des ifs, Mémoires amoureux de la marquise de Pompadour, Flammarion, 2000

Jacques Garcia ou l'Éloge du décor, Flammarion, 1999

Achevé d'imprimer en janvier 2021
dans les ateliers de Normandie Roto Impression s.a.s.
61250 Lonrai
N° d'impression : 2100070

Imprimé en France